감염병의 장면들

감염병의 장면들

iMH 경희대학교 인문학연구원
HK+통합의료인문학연구단
통합의료인문학 교양총서03

인문학을 통해 바라보는 감염병의 어제와 오늘

박성호 윤은경 이은영 이향아 장하원 지음

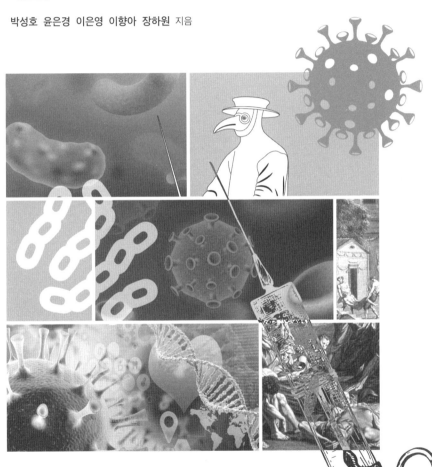

도서출판 모시는사람들

머리말

코로나19는 우리 삶의 많은 부분을 바꾸어 놓았습니다. '언택트'라는 새로운 단어가 주목받게 되었고, 식당이나 카페에서 자연스럽게 누리던 일상들이 과거의 기억으로 바뀌었습니다. 물론 백신 접종과 더불어 언젠가는 코로나19를 극복하고 다시 예전처럼 돌아갈 수 있으리라는 기대가 곳곳에서 나타나고 있지만, 아직 그 길은 요원한 것처럼 보이기도 합니다. 혹자는 우리가 다시 코로나 이전으로 되돌아간다는 것은 불가능하다고 말하기도 합니다. 그래서 많은 사람들이 저마다의 '포스트 코로나'를 이야기하며 이미 초래된 변화를 검토하고 앞으로 다가올 미래를 예측하고 싶어합니다.

경희대학교 인문학연구원 HK+통합의료인문학연구단에서는 '생로병사(生老病死)'라는 주제 하에 통합의료인문학에 대한 연구를 계속하고 있습니다. 통합의료인문학은 인문학 내부의 학제간 연구는 물론 의료 분야와의 융복합 연구를 통해 기존의 의료인문학이 이룩한 성과 위에서 인문학의 새로운 지평을 열고 의료에 대한 면밀한 이해를 통해 4차 산업혁명과 함께 도래할 첨단의료 시대에 인간의 가치를 되새긴다는 것을 목표로 삼고 있습니다.

그런 만큼 우리 연구단에서는 이번 코로나19 사태에 대응하여 인문학의 목소리를 내는 것이 사회적 책무임을 자각하고 다양한 작업을 수행해 왔습니다. 『코로나19 데카메론』시리즈 출간 및 동명의 동영상 강좌 개설로 팬데믹에 직면한 우리 사회의 다양한 측면을 조망하면서 일반 시민들에게 다가서고자 하였고, 다양한 국내외 학술대회 및 논문 출간을 통해서 팬데믹 문제에 대한 학술적인 접근에도 노력을 경주하고 있습니다.

하지만 한편으로는 코로나19를 올바르게 이해하고 대응하기 위해서는 비단 이번 팬데믹 사태뿐만이 아니라 인류가 경험해 왔던 다양한 감염병에 대해 이야기해 보는 작업이 필요하지 않을까 하는 문제의식도 품게 되었습니다. 『감염병의 장면들』은 그러한 문제의식을 바탕으로 만들어진 책입니다. 그간 본 연구단의 『코로나19 데카메론』시리즈가 코로나19를 중심으로 다양한 논의들을 배치하는 방식이었다면, 이번 책에서는 반대로 다양한 감염병과 관련된 이야기들을 바탕으로 한 외부적 관점에서 현재의 팬데믹 상황을 재조망해 보자는 취지에서 출발하였습니다.

이 책에서는 그간 우리가 겪은 다양한 감염병의 역사 속에서 인간이 어떻게 문화적으로, 사회적으로 대응해 왔는지를 다루고 있습니다. 1부에서는 우리가 감염병의 존재를 어떻게 인식하고 받아들였는지를 살펴보고, 이를 바탕으로 하여 2부에서는 이러한 감염병에 어떤 방식으로 대처해 왔는지를

검토해 보았습니다. 고대에서부터 현재, 종교에서부터 대중문화, 속설에서
부터 사회 제도에 이르기까지 폭넓게 접근하면서 감염병을 바라보는 새로
운 관점을 제시해 보고자 합니다.

『코로나19 데카메론』과 더불어서 이 책이 현재 우리가 처한 팬데믹 상황
을 이해하고 포스트 코로나 시대를 대비하는 좋은 동력과 자신이 되기를 바
랍니다.

2021년 12월
경희대학교 인문학연구원 HK+통합의료인문학연구단

감염병의 장면들

1부

감염병, 너의 이름은

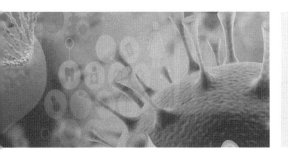

충(蟲)이 모르게 치료하라*
—결핵과 노채를 통해 살펴본 한의학의 감염병

윤은경

* 이 글은 저자가 대한한의학원전학회지 34권 4호에 투고한 논문 「결핵과 노채에 관한 고찰」을 수정 및 보완한 것임을 밝힌다.

윤은경_ 의료인문학 연구자. 前 경희대학교 인문학연구원 HK+통합의료인문학연구단 HK연구교수. 경희대학교 한의과대학 및 동대학원 졸업.
대표저서로 『코로나 데카메론1, 2』(2021, 모시는사람들), 『아프면 보이는 것들』(2021, 후마니타스) 등이 있다.

병을 일으키는 작은 생명체

바야흐로 감염병의 시대이다. 아프지 않기 위해, 매일의 생활을 영위하기 위해 보이지 않는 세균과의 싸움을 습관처럼 이어가야 하는 시대에 우리는 살고 있다. 눈에 보이지 않는 어떤 작은 생물체가 몸속으로 침입해 우리에게 각종 고통스러운-때로는 죽음에 이르는-상황을 초래할 수 있다는 인식은 각종 방역체계와 예방 조치 및 치료 방향을 결정하는 기본 논리로 작용한 지 오래다. 오늘날 주된 병인관인 세균설에 따르면, 균이 체내로 침입하여 성장과 재생산을 하는 과정에서 숙주인 우리 몸에 병이 생길 수 있으며, 이러한 원인균에 의해 발생한 병은 감염병으로 정의된다. 균의 침입이 병의 주요 원인이므로, 감염균을 발견해 박멸하는 것이 근본적인 치료법으로 여겨진다. 그러나 균은 변이를 거듭하면서 새로운 감염병을 일으키고, 의과학이 배후의 병균을 포착해 이에 대한 예방백신과 치료약을 만드는 사이 또 다른 변이가 일어나는 과정이 반복되면서, 인간 대 세균의 쫓고 쫓기는 술래잡기가 벌어지고 있다.

발병의 조건이 되는 여러 요인들 가운데 세균을 중심에 두는 세균병원설

(germ theory of disease)의 관점에서 세균은 우리 몸 안으로 침입했을 때 병을 야기할 수 있는 잠재력이 있기에 박멸의 대상이고, 혹여 체내로 침입해 감염을 일으키면 몸 자체를 오염시켜 세균에 뒤따르는 각종 부정적인 인식들을 그것이 침범한 몸에까지 확장시키는 파급력을 지닌, 두렵고 배타적인 존재이다. 세균의 번영은 숙주인 '나'를 소진시킴으로써 일어나므로, 세균은 공존의 대상이 아니라 배척하고 박멸해야 할 대상인 것이다.

이와 같은 세균병원설이 언제나 주된 병인론으로 인정받았던 것은 아니다. 16세기와 17세기에 걸쳐서 이미 제기되었던 세균설은 18세기 중반까지도 당시의 주된 미아즈마(miasma, 독기)론에 밀리는 상황이었으니 말이다. 19세기의 파스퇴르와 코흐에 이르러서야 판세가 뒤바뀌었고, 이때부터 세균설의 황금기가 시작되어 오늘날까지도 이어지고 있다. 이제 세균에 의해 병이 발생한다는 개념은 '사실'로 받아들여지며, 생의학에서는 각종 질병을 일으키는 세균을 정확하게 포착하는 것을 병의 원인을 찾아낸 것으로 여긴다.

우리 몸에 병을 일으킬 수 있는 여러 가지 요인 가운데, 다른 생명체가 체내에 침입함으로써 병이 생길 수 있다고 본 관점은 한의학에도 존재했다. 이 침입 생명체는 바로 충(蟲)으로, 문자 그대로 해석하자면 '벌레'로 풀이될 수 있지만 현대적 의미에서 '균'은 아니며, 형체를 지니는 실질적인 생명체임과 동시에 추상적인 의미까지도 내포하는 복합적인 개념이다. 이 글에서는 한의학에서의 '충'의 의미를 알아보기 위해서 충을 병인으로 인식한 병가운데 대표적인 노채(勞瘵)를 결핵과 비교하여 구체적으로 들여다보고자한다.

노채는 결핵인가?

한의학 병 개념인 노채(勞瘵)는 전염성 있는 허로(虛勞)병, 즉 소모성 증상이 나타나는 병으로서, 오늘날에는 서구의 결핵(tuberculosis)으로 이해되는 병이다. 하지만 서양의학이 도입되기 전, 한의학의 노채병은 역사적으로 고유한 병인병기 및 치료법이 이어져 내려온 병이었다. 개항 후 서양의학이 도입되면서 급격하게 결핵으로 치환되었던 것이다. 19세기 말, 조선의 개항기는 코흐가 결핵균(Mycobacterium tuberculosis)의 발견을 세상에 알린 시기와 겹치는 때로서, 이전까지 서구에서도 다중적이던 결핵 개념이 결핵균에 의한 감염병으로 정리되던 시기였다. 물론 이론적으로 질병 개념이 정리되었다고 해서 임상에서 쓰이던 명칭이나 진단, 치료가 하루아침에 바뀌지는 않았지만, 세균설에 기반을 둔 결핵 개념은 기존의 지식과 실천을 급격하게 대체했고, 그전부터 증상의 소모적 성격을 공통분모로 노채와 결핵을 연결해서 보던 관점은 감염병으로서의 결핵 개념이 확립된 이후에도 구분되지 않고 이어져 현재 노채는 결핵의 한의학적 병명이자 현미경과 같은 기술력이 없던 과거의 산물로 이해되고 있는 실정이다.

결핵의 원인이 결핵균으로 파악되면서, 기존의 증상 및 신체 현상 위주의 개념들은 삭제되었다. 대신 결핵 환자에게서 관찰되는 여러 소모성 증상들을 묘사하는 phthisis나 consumption과 같은 명칭들은 결핵의 이해가 미진했던 과거의 산물로 여겨지며, 이에 맞춰졌던 기존의 치료법들도 더 이상 치료 원칙으로 언급되지 않는다. 코흐 이후 결핵의 진단은 체내 결핵균 발건 여부에 의해 결정된다. 치료도 이 결핵균을 박멸하는 항생제 복용이 원칙이다. 이에 더해 백신까지 많은 국가에서 필수적으로 접종하고 있어, 결핵은 예방에서 치료까지 정복한 병으로 알려져 있다. 그러나 실제로는 항생제 저항성 결핵의 유병율이 세계 각지에서 증가하고 있으며, 2020년 기준, 전 세계 사망 원인 10위권 내에 위치하는 것으로 집계될 만큼 여전히 심각한 질병이다.* 문제로 지목되는 것은 결핵균이 지속적으로 변이를 한다는 것과, 이에 따라 기존 약물이 더 이상 치료 효과를 내지 못한다는 점이다.

이처럼 세균설에 기반한 단일한 병 개념으로서의 결핵에 대한 치료의 한계가 드러나고, 여전히 세계적인 보건 문제로 인식되는 상황에서, 과연 우리의 결핵 이해가 충분한지, 놓치고 있는 것은 없는지 점검할 필요가 있다. 특히나 결핵균 발견 이전의 다중적이던 결핵 개념을 상기하면 과연 오늘날의 결핵 개념이 확립되는 과정에서 기존의 논의들이 충분히 포섭되었는가 하는 의문이 생긴다. 결핵이라는 범주 안에서 세균을 포착할 수 있었던 일부만이 결핵으로 좁게 규정되어버린 것이 아닌가? 그렇다면 나머지는 어떻게 된 것인가? 균의 존재가 필연적으로 감염자로 하여금 결핵 증상들을 앓게 하는가? 무증상 감염자의 경우는 결핵 환자인가, 아닌가? 이와 같이 꼬리에 꼬리를 무는 의문들은 기존의 인식을 다시 돌아볼 것을 요구하며, 그 연장선에서 결핵과 닮은꼴인 노채에 대한 고찰은 '결핵' 또는 '노채'로 일컬어

---

* WHO. Tuberculosis. 14, October, 2020. (https://www.who.int/news-room/fact-sheets/detail/tuberculosis)

지는 병의 새로운 이해를 위한 실마리를 제공할 것으로 기대한다.

결핵균 이전의 결핵

결핵은 그 시작이 기원전까지 거슬러 올라가는, 역사가 오랜 병이다. 결핵의 역사를 살펴본 연구에서는 결핵 개념의 시초가 B.C.2000 함무라비 법전에서 '만성 폐질환'을 언급한 것이라 보았으며, 고대 이집트의 의학 문헌이자 인류 최초의 의학서로 알려진 에베루스 파피루스(B.C.1550)에서 폐의 소모성 질환에 대해 기록한 것을 언급했다. 본격적인 논의가 일어난 그리스 히포크라테스 이후 코흐 전까지 결핵은 '소모'를 의미하는 그리스어인 'phthisis' 또는 같은 의미의 영어 'consumption'과 연주창(scrofula)* 등의 병리적 맥락에서 다양하게 논의되었는데, 결핵 개념의 근원인 phthisis가 문헌상 최초로 등장한 것은 B.C.460이다. 그리스의 히포크라테스는 『전염병에 관하여(Of the Epidemics)』에서 폐의 허약함을 언급하면서 그 증상으로 발열, 무색오줌, 진득한 객담, 갈증과 식욕의 부재, 죽기 직전의 의식 혼미를 들었다.**

---

* 오늘날의 정의에 따르면, 목 부분의 림프절에 결절이 생기는 병으로, 림프절에 결핵균이 감염되어 일어나는 염증 반응으로 정의되는 병이다.
** "Early in the beginning of spring, and through the summer, and towards winter, many of those who had been long gradually declining, took to bed with symptoms of phthisis;…Many, and, in fact, most of them died, and of those confined to bed, I do not know of a single individual survived for any considerable time,…Consumption was the most considerable of the diseases which then prevailed, and the only one which proved fatal to many persons. Most of them were affected by these diseases in the following manner; fevers accompanied

그는 phthisis를 당대의 가장 흔한 질병으로 묘사하면서 18~35세의 연령층에서 가장 많이 나타나며, 대부분의 경우 치명적이라고 보았다. 그가 관찰하기로 이 병은 가족 단위로 앓다가 죽곤 했는데, 이때문에 그는 이 병이 유전에 기인한다고 생각했다.

한편 갈렌은 이 질병을 "폐와 인후의 궤양으로, 기침, 발열과 농양에 의한 신체의 소모가 동반"한다고 증상을 묘사했다. 그는 폐에서 phûma라 불리는 결절을 발견했으며, 이 병이 가까운 사람들 안에서 동일하게 관찰되는 것에 대해서 유전이 아닌 전염의 가능성을 언급했다. 1세기 로마 제국의 저명한 저술가였던 비트루비우스는 이 병이 기관지의 찬 기운에 의한다고 보았는데, 그 근거로 기침, 소모, 객혈과 같은 증상이 북풍이 부는 지역에서 빈발한다는 사실을 들었다. 카파도키아의 유명한 의사였던 아라테우스는 저서 『급성 및 만성 질병의 원인과 징후에 대하여(De causis et signis diuturnorum morborum)』에서 주로 외관상의 수척함이나 안색, 기분을 위주로 증상을 구체적으로 묘사했다.*

---

with rigors, …constant sweats, … extremities very cold, and warmed with difficulty; bowels disordered, with bilious, scanty, unmixed, thin, pungent, and frequent dejections. The urine was thin, colourless, unconcocted, or thick, with a dificient sediment. Sputa small, dense, concocted, but brought up rarely and with difficulty; and in those who encountered the most violent symptoms there was no concoction at all, but they continued throughout spitting crude matters." Hippocrates. Book 1 Of the Epidemics. Adams F (translator). The Genuine Works of Hippocrates. London: The Sydenham Society, 1849. [Facsimile edition, The Classics of Medicine Library, Alabama, 1985, p. 352-354.]

* "거친 목소리, 목 약간 구부러짐, 압통, 유연하지 못하며 늘어져 있음, 손가락은 야위었지만 관절은 굵음, 기육이 말라서 뼈대가 잘 드러남, 손톱이 비뚤어졌으며 마르고 납작함, 코는 뾰족하고

중세에도 이 병의 속성에 대한 다양한 의견이 있었다. 먼저 아비켄나와 라제스는 이 병이 전염성이 있으며 치료하기 어렵다고 말했고, 스페인의 아르날두스 드 빌라노바는 이 병을 차가운 체액이 머리로부터 폐로 떨어지는 것이라 묘사했다. 헝가리 곳곳에서는 개의 형상을 한 악귀가 사람에 씌어 폐를 먹는 것이라고 인식했는데, 병자가 기침을 하는 것이 바로 악귀가 짖는 것이라 보았다. 이탈리아에서는 프라카스토로(1478-1553)가 이전까지 전신성 소모병으로 설명하던 phthisis를 폐의 소모병으로 한정했다. 그는 저서 『감염에 대하여(De contagione)』(1546)에서 이 병의 전염성에 주목해 대개 감염자와의 직접 접촉이나 체액의 접촉을 통해 다른 이에게 옮길 수 있다고 했는데, 이러한 접촉에 의한 감염 외에도 눈에는 보이지 않는 무언가에 의해 병이 옮아갈 수 있다는 가설을 최초로 제기하고, 이 매개체가 감염자의 옷이나 소지품에서 2~3년간 생존할 수 있다고 보았다. 한편 스위스의 파라켈수스(1493-1541)는 결핵이 장부가 주어진 의무를 수행하지 못한 결과라고 말했다.

중세와 르네상스 시기를 거쳐 17, 18세기에 이르자, 결핵에 대한 관점에 변화가 생겼다. 이전까지는 병의 소모적인 측면이 드러나는 현상 위주로 병리를 유추하거나 전염성 여부에 관심을 기울였다면, 이 시기에는 병자의 몸

가느다라며, 관골이 두드러지고 붉음, 눈이 움푹 꺼졌으며 빛남, 부어 있으며 창백하고 화가 난 상태, 턱의 가느다란 부분이 치아에 의지하고 있어 웃고 있는 듯해 보이며 시체의 모습과 비슷하다." Aretaeus, De causis et signis diuturnorum morborum, Arateus' complete works in Greek and English, edition of Francis Adams, Digital Hippocrates project, 1856.

에서 나타나는 외관상의 특징이나 해부를 통해 들여다 본 신체 내부의 특성을 병증과 연관 지어 설명하는 경향이 나타났다.

네덜란드의 실비우스(1614-1672)의 연구는 병의 세분화에 기여했다. 그는 결핵을 폐결핵과 신경절결핵으로 구분하기 시작했으며, 연주창에서 나타나는 피부염증이 phthisis에서 보이는 결절과 유사하다는 점에 착안해 "phthisis가 폐의 연주창"이라고 말했다. 또한 폐의 phthisis를 설명하면서 최초로 tubercles(결절)라는 용어를 사용했다. 영국의 의사 모튼(1637-1698)은 폐의 phthisis에는 반드시 결절이 동반한다고 처음으로 주장했으며, 1689년에 발간한 저서*에서 phthisis는 완만한 병정을 가지며, 세 단계를 거쳐 진행된다고 말했다. 그 과정은 처음에 염증으로 시작해 결절의 발생으로 이어지고 마지막으로 궤양과 동공이 발생한다. 그는 이 병이 유전된다고 보면서도 외부 인자에 의한 감염의 가능성을 배제하지는 않았다.

Phthisis를 규정하는 핵심 징후에 관한 전문가들 간에 일종의 공감대가 형성됨과 동시에 히포크라테스 때부터 유전에 주목했던 관점에 변화가 일어나기 시작한 것이 바로 이 시기였다. 영국의 의사 마텐(1690-1752)은 그의 저서를 통해 폐결핵의 원인이 유전이 아닌 '생물'이라는 가설을 최초로 제기했다. 그는 이 생물을 "어떤 미세한 생물"이라 일컬으며, 병자와 밀접하게 접촉하는 상황에서 병자가 폐에서 내뿜는 숨을 들이마심으로써 전염이 일

---

* 『*Phthisiologia, seu exercitationes de Phthisi tribus libris comprehensae*』.

어나는 것일 가능성이 높다고 주장했다.

19세기 말에 이르자 근대적 관점에서 주목할 만한 연구 성과들이 나타나기 시작했다. 소모학(phthisiology) 연구자이자 청진기 발명가로 알려진 라에네크(1781-1826)는 결핵으로 사망한 환자들의 폐 해부 결과와 청진기로 수집한 정보를 연결함으로써 결핵에서 육안으로 보이는 신체적 변화에 청각적인 징후가 동반함을 말했다. 그는 폐결핵 진단에서 청진의 중요성을 강조했으며, 모든 종류의 소모병이 결국에는 하나의 감염원으로부터 기원한다고 봤다. 라에네크의 이러한 주장은 폐결핵의 근대적 이해의 시발점으로 평가받는다.

한편 이 시기에 그때까지 다양하게 제기되어 온 결핵에 대한 논의들-결절이 생기는 병, 연주창, 소모병-이 과연 하나의 질병인지에 관한 논의가 활발히 일어났다. 근대적 폐결핵 개념의 서막을 연 라에네크가 폐결핵을 비롯한 소모병이 결국에는 하나의 감염원으로부터 발생한다고 본 것과 달리, 독일의 피르호(1821-1902)는 결절(tubercules)과 연주창, 소모병은 별개의 질병이라고 주장했으며, 'tuberculosis'라는 명칭을 처음 제시한 쉔라인(1793-1864) 또한 결절을 동반하는 병리적 현상의 명칭을 tuberculosis로 통일했으나 결절, 연주창, 소모병이 서로 다른 질병이라고 보았다.

라에네크로 대표되는 프랑스 학파와 피르호와 쉔라인의 독일 학파 간의 논쟁은 프랑스의 의사였던 비으망(1827-1892)이 1869년 결핵으로 사망한 시체로부터 추출한 물질을 실험실 토끼에게 주입해 결핵을 감염시킴으로써 결핵은 감염병이라는 정의로 수렴하기 시작했다. 이로부터 13년이 지난 1882

년에 코흐(1843-1910)가 현미경을 이용해 결핵균(Mycobacterium tuberculosis)을 발견하자 결핵은 결핵균에 의한 감염병임이 공식화되었다. 신체에서 일어나는 여러 현상의 소모적 측면에 주목했던 이전 시대의 결핵 개념과 달리, 해부학의 발달로 폐 내부의 변화가 확인되고 이것이 결핵과 연결되면서, 결핵은 그것의 물리적 증상으로 정의되기 시작했다. 결절(tubercle)로 병명이 수렴한 것도 이러한 인식의 흐름을 반영한다. 폐에 결절이 생기는 병으로서 결핵은 현미경을 통해 육안으로 결핵균이 발견되자 병인까지 분명하게 포착한, 정체를 확실하게 규명한 병이 되었으며, 오늘날 결핵은 결핵균에 의한 감염병으로서 신체 내 결핵균의 존재 유무와 청진 및 엑스레이를 통해 육안으로 진단하는 병으로 이해되고 있다.

노채는 어떤 병인가?

그렇다면 결핵과 닮았다고 여겨지는 노채는 어떤 병인가? 노채는 노(勞)와 채(瘵)로 구성된 병명으로서, 노(勞)는 과도하게 힘쓰는 것을 의미하며 채(瘵)는 병이라는 뜻으로, 노채는 과도하게 힘써서 생긴 병이 된다. 과도한 소모로 인한 병은 기혈(氣血), 장부(臟腑) 등의 정기가 손상되어 발생한 허약증을 일컫는 한의학의 병 개념인 허로병에 해당하는 설명이기도 한데, 노채는 허로병의 범주에 속하면서도 전염성으로 드러나는 충(蟲)의 존재로 인해 여타의 허로병과 구분된다. '노채'라는 병명이 처음 등장하는 한의학 문헌인 『삼인극일병증방론』에서는 노채에 대해 다음과 같이 적고 있다.

대략 사람으로 하여금 한열, 도한, 귀신과의 성교, 백탁한 분비물, 머리카락이 마르고 솟는 것, 또는 복중에 덩어리가 있거나, 머리 뒤편 양쪽으로 작은 덩어리가 연달아 여러 개 있어서… 말없이 잠잠하고, 기침하고 끈적한 가래가 나오며, 고름이 낀 피를 뱉으며… 혹 여러 번 설사하고, 몸이 마르고 수척해져 스스로 유지할 수 없게 되는 것이 오래 돼 죽음에 이르면, 죽고 난 후에 주변사람에게 옮겨가니, 멸문에 이르게 된다.*

이 내용에 따르면 노채는 열과 오한이 나타나고, 밤중에 땀이 나고, 귀신과 성교하는 꿈을 꾸고, 아래로는 탁한 분비물이 나오면서 머리카락이 건조해지고 힘이 없어지며 복중이나 뒤통수에서 목으로 이어지는 부분에 덩어리가 생기는 증상과 말이 없어지고 기운이 축 처지며 폐에 병이 있을 때 나타나는 증상들-기침, 가래, 고름 및 객혈-이 나타나며, 몸이 극도로 수척해져서 가눌 수 없는 지경까지 쇠약해져 죽음에 이르는, 표(表)와 리(裏)를 아우르는 증상 및 정신적인 증상까지도 포괄하는 병이다. 이와 같이 전신에 걸쳐 증상이 나타나는 이유는 노채로 인해 몸의 가장 근간이 고갈되기 때문이며, 여타의 허로에 비해 노채가 치명적인 이유 또한 허손이 진행되면서 결국에는 진음(眞陰)이 깎이는 상태에 이르기 때문이다. 주변인에게 옮아 가족이 멸

---

* "大略令人寒熱盜汗, 夢與鬼交, 遺泄白濁, 髮乾而聳, 或腹中有塊, 或腦后兩邊有小結核, 連復數箇, 或聚或散, 沉沉黙黙, 咳嗽痰涎, 或咯膿血, 如肺痿, 肺癰狀, 或復下利, 羸瘦困乏, 不自勝持, 積月累年, 以至于死, 死后乃侂易傍人, 乃至滅門者是也."『삼인극일병증방론(三因極一病證方論)』

문에 이른다는 것은 이 병의 전염성에 대한 서술로서, 전염이 반드시 죽은 후에만 일어나는 것은 아니겠으나, 병의 진행이 급격하기보다는 완만하여 죽음에 이르기까지 오랜 시간이 걸린다는 점 때문에 이렇게 인식한 것으로 짐작된다.

그렇다면 허로병으로서 노채는 몸의 어떤 측면을 과도하게 써서 생기는 병일까? 허로는 결과적으로 우리 몸을 이루는 기혈이나 장부의 기운이 고갈되는 상태를 일컫는데, 노채는 문헌에 따르면 혈(血)의 손상과 관련이 깊다. 한의학에서 혈(血)은 우리가 알고 있는 혈액, 즉 피로서, 우리가 섭취하는 음식물에서 만들어져 기(氣)의 박동에 의해 전신에 유포되어 영양분을 공급한다. 이에 더해 우리 몸의 정신작용을 담당하는 심(心)이 주관하는 가장 중요한 체액으로서 정신작용의 기반이 되기도 한다. 혈의 손상이 일어나는 대표적인 경우가 바로 출산이다. 산모가 출산 후 혈을 소모한 상태에서 감정적으로 놀라거나 힘을 쓰면 몸 안에서 기혈의 흐름이 역행해서 각종 병리적 현상들이 나타나며, 노채 또한 일어날 수 있는 병 가운데 하나이다.

한편, 노채는 죽음에 이르는 심각한 상태이나 병정이 급격하다기 보다는 완만하게 진행된다. 앞서 언급했던 증상들은 말기에 이르러 나타나는 증상들인데, 노채에 이르는 일련의 과정의 시작점으로 심(心)의 상태가 중시된다. 심(心)은 오장(五臟) 가운데 하나이자 나머지 장부를 통솔하는 군주(君主)의 위상을 지닌다. 심이 여타의 장부와 구분되는 특성은 바로 정신적인 활동을 주관한다는 점인데, 이때문에 심의 상태가 정신 상태와 직결되기도 한다. 누군가 감정적으로 언짢을 때 '심기(心氣)가 불편하다'고 하는 것 또한 심의 이러한 측면이 반영된 표현이다. 불안정한 심기는 모든 허로의 시작이 되며, 특히 노채의 주요 원인이 된다.

> 심기心氣가 안정되지 못하면 모두 허손되니, 지체가 침중하고, 감정과 생각이 즐겁지 않으며, 밤에 기이한 꿈이 많고, 도한이 나고 실정하며, 두려움에 떨며 번계煩悸가 있고, 때 없이 기쁘거나 화가 나며, 입이 마르고, 갈증이 나서 물을 자꾸 마시려 하며, 음식 양이 줄고, 기육이 마르고 초췌해지니, 점차 노채가 되려는 것이다.*

심기가 안정되지 못해 혈액이 원활하게 돌지 못하면, 사지와 몸이 무겁다. 또 생각이 즐겁지 않고 잠이 들어서까지 기이한 꿈을 많이 꾸게 된다. 깨어 있을 때에는 불안해서 심장 박동이 빠르고 희로(喜怒)가 적절한 때에 발휘되지 않는 등 감정 조절이 되지 않는다. 이렇듯 심기가 불안정할 때 사고 및 감정 활동에 문제가 생기고, 이러한 상황이 지속되면 몸이 고갈되어 종국에는 노채에까지 이르는, 진음의 고갈이 일어나는 것이다. 그렇다면 심기가 불안정한 것은 어떤 상태일까? 이는 정신적인 스트레스를 의미하며, 노채는 몸이 전반적으로 고갈되어 나타나는 병이면서 구체적으로는 정신적인 과로가 과도함으로 인해 발생하는 병인 것이다.

---

* "心氣不寧, 諸虛百損, 肢體沉重, 情思不樂, 夜多異夢, 盜汗失精, 恐怖煩悸, 喜怒無時, 口乾潤燥, 渴欲飮水, 飮食減少, 肌肉瘦悴, 漸成勞瘵." 『세의득효방(世醫得效方)』.

노채를 일으키는 충

노채는 정신적인 과로로 인해 나타나는 병이지만, 신체가 고갈된 상태에서 영향력을 발휘하는 충(蟲)이 있음으로써 비로소 노채병으로 진단할 수 있다. 이를 반영하듯, 『동의보감』에서는 노채병 자체를 충(蟲)에 의한 병을 다루는 꼭지인 '충부(蟲部)' 하에서 다루면서, 이 병의 원인을 다음과 같이 설명했다.

> 노채병의 원인은 어려서 아직 혈기가 안정되지 않았을 때 주색에 상하여 그 열독이 쌓여 이물이나 악충이 생기는 것이다. 사람의 장부에 있는 정혈을 파먹는데, 여러 가지 기괴한 것으로 변하기도 한다. 환자의 시중을 드는 사람이 오랫동안 간병을 하다가 나쁜 기를 받아서 전염이 되는 경우가 많다. 이때문에 기가 허하거나 굶주린 사람은 절대로 노채병을 앓는 사람의 집에 들어가면 안 된다. 문상이나 문병을 가면 의복이나 그릇에 있다가 허한 틈을 타서 옮겨 갈 수도 있다.*

이처럼 노채는 허한 상태에서 충이 작용함으로써 생기는 병이다. 허한 상

---

* "瘵疾之因, 多有少年時, 血氣未定, 酒色傷損, 其熱毒鬱積, 生異物, 惡蟲, 蝕人藏府, 精血變, 生諸般奇怪之物. 其侍奉之人, 熏陶日久, 受其惡氣, 多遭傳染. 是以氣虛腹餒, 最不可入, 勞瘵之門, 吊喪問疾, 衣服器用中, 皆能乘虛, 而染觸焉." 『동의보감(東醫寶鑑)』

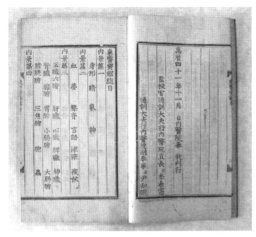

『동의보감』(국보_제319-1호)

태는 앞서 언급했던 것처럼 혈기를 불안정하게 만드는 여러 가지 요인에 의하며, 이렇게 혈이 불안정한 상태에서 충이 생긴다고 보았다. 이때 충은 외부에서 들어오거나 내부의 허한 환경에서 생겨나는 것인데, 그 기원을 막론하고 충이 영향력을 발휘할 수 있는 신체적 환경이 조성되어야 비로소 충이 작용을 해 노채병이 된다. 노채가 충으로 인해 여타의 허로병과 구분되는 만큼 충이 결정적인 요인이지만 충이 생겨나고 활동하기 위해서는 몸의 허로가 선행되어야 하는 것처럼, 치료에 있어서도 몸의 근간이 이미 무너졌다면 충을 몰아내더라도 병자를 살릴 수 없다고 봤다.* 노채병에서 충의 존재

---

* 노채를 치료하는 방법 한 가지는 그 충을 죽여서 그 근본을 끊어내는 것이고, 또 한 가지는 허함을 보함으로써 그 眞元을 회복시키는 것으로, 만약 병세가 이미 심각하여 원기가 이미 빠져나갔다면, 비록 충을 몰아내는 방법을 쓰더라도 한 사람이라도 살아나는 이가 없었으니, 다만 끊어내면 이후 다른 사람에게로 옮기는 일을 막을 수 있을 뿐이다. "治療之法, 一則殺其蟲, 以絶其根

와 작용은 몸 상태에 의존적이다.

한편 충(蟲)의 구체적인 작용은 장부의 정혈을 파먹는 것과 주변사람에게 이동한다는 것인데, 노채병에 걸린 환자에게서 나타나는 극단적인 증상들, 예컨대 몸을 가눌 수 없을 정도로 수척해지거나 정신이 피폐해지는 현상과 병자만 죽음으로 몰고 가는 것이 아니라 주변인에게도 옮아간다는 점이 충의 존재로 설명되고 있음을 알 수 있다. 즉, 충이라는 변화를 예측하기 어려운, 살아 있는 생명체가 인체 내에서 생명을 영위하는 과정에서 인체는 죽음에 이르는 각종 증상을 경험하고, 결국 환자가 죽음에 이르면 충은 다른 몸에게로 옮아가 또 다시 병자를 숙주 삼아 살아간다. 충은 몸 자체의 병리로는 설명할 수 없는 현상들과 전염성을 함축하는 개념인 것이다.

우리 몸이 허할 때 들어와 노채병을 일으키는 노채충에 대한 문헌의 설명은 매우 흥미롭다. 『동의보감』에서는 노채충에 대해 다음과 같이 경고한다.

노채충은 영리하기 때문에 쓰는 약물을 결코 환자에게 알려서는 안 된다.*

어떤 약을 쓰는지를 환자에게 숨겨야 하는 까닭은 노채충이 자신을 몰아내려는 의도를 알아차리면 도망가거나 숨어서 잡을 수 없기 때문이다. 미개

本, 一則補其虛, 以復其眞元, 若病勢已劇, 元氣已脫, 雖依法取蟲, 亦無一生, 只可絶, 後人之傳注耳."『동의보감』

* "療蟲靈異, 所用藥物, 永不得與病人知之.〈直指〉"『동의보감』.

한 생명체로서 생존본능만을 좇아 살아가는 존재가 아닌, 의식을 가진 존재로서 노채충을 인식했던 것이다. 이러한 인식은 노채를 옮기는 매개로서 충(蟲) 외에도 시(尸)를 언급한 것에서 엿보인다.

시(尸)는 죽은 후의 몸을 의미하나, 한의학에서 사체(死體) 이상의 의미를 갖는다. 노채의 이명 가운데 전시(傳尸)는 이 병이 바로 죽은 후의 몸인 시(尸)로부터 전해진다는 뜻이다. 산 사람에게 병을 전염시키는 시(尸) 개념은 사람이 죽은 뒤 일정 시간이 지나면 그 사람의 혼신이 풍진(風塵)이 되어 사람에게 붙어 병을 일으킨다고 본 관점과 관련 있다.* 이렇게 생긴 병은 증상에 일관성이 없으며, 정신이 착잡하고 몇 해에 걸쳐서 앓다가 죽음에 이르며, 죽은 후에는 주변의 사람에게 옮아가 한 집안이 망할 수도 있다고 했다.** 충(蟲)과 마찬가지로, 귀사(鬼邪)인 시(尸)로 인한 병은 그 양상이 다양하고 하나의 병 안에서도 증상이나 경과를 명확히 규정하기 어렵고 모호한 측면이 있다. 이처럼 병인으로서 그 양상이 닮아 있는 시와 충이 노채와 연관 지어 함께 언급된다는 것은 결국 시처럼 병을 전염시키는 충을 우리 몸을 파먹는 '벌레'에만 그치는 존재가 아니라 죽은 사람의 혼신이 변해서 타인에게 병인으로 작용하는, 귀사(鬼邪)의 속성까지 포괄하는 개념으로 본 것이다. 한편, 문헌의 설명에는 노채충의 생김새에 관한 내용도 있는데, 다음과 같다.

---

* "人邪, 三年之外, 魂神因作風塵, 着人成病." 『동의보감』 「잡병」.

** "…皆挾鬼邪之氣, 流注身體, 令人寒熱, 淋瀝, 精神錯雜, 積年累月, 漸至頓滯, 以至于死, 死後, 復易傍人, 乃至滅門, 故號爲尸疰也." 『천금요방(千金要方)』 『동의보감』 재인용.

노채충의 형태는 혹 말똥구리 같거나, 붉은 실로 만든 말총 같거나, 두꺼비와 비슷하거나, 고슴도치와 비슷하거나, 쥐와 비슷하거나, 문드러진 면발과 같다. 혹 다리는 있는데 머리가 없거나, 머리는 있는데 다리는 없기도 하고… 여러 가지 모습이 있어 실로 분별하기가 어렵다. 만약 세 사람을 거치면 사람의 형태와 같아지기도 하고 귀신의 모습을 띠기도 한다.*

노채충에 대한 위의 설명을 어떻게 이해해야 할까? 위의 내용이 단지 상징적인 설명이라고만 보기에는 너무 구체적이지만, 이를 종합해서 어떤 형태를 떠올리기란 불가능하다. 위의 설명에 따르면 노채충의 생김새는 하나가 아니다. 위에 나열된 비유 대상들 간에는 형태적인 공통점이 엿보이지 않으며, '다리는 있는데 머리가 없거나, 머리는 있는데 다리는 없기도' 하다는 설명과 여러 가지 유사한 생김새를 나열하고 나서 결론에 가서는 분별하기가 어렵다고 설명하는 것으로 볼 때, 결국 노채충은 일정한 형태가 없으며, '귀신의 모습'을 띠기도 하는 '형태 없는 형태'라고 이해할 수밖에 없다. 노채충은 병자에게 미치는 영향과 병을 옮기는 작용으로서 그 존재가 인식되었으며, 형태적으로 다양한 모습을 상상하도록 만드는, 기이한 병적 존재로서의 의미를 지녔다고 추정할 수 있다.

---

* "癆蟲之形, 或似蜣蜋, 或似紅絲馬尾, 或似蝦蟆, 或似刺蝟, 或似鼠形, 或如爛麵, 或有足無頭, 或有頭無足, 或化精血歸於元陽之內, 種種形狀, 實難辨之, 若傳至三人, 則如人形如鬼狀." 『동의보감』.

침입하는 균과 우리 안의 충

결핵균 이전의 결핵 개념과 노채 개념을 살펴보면, 두 개념이 매우 닮아 있음을 알 수 있다. 먼저 모두 몸이 소모되는 병이라는 공통점이 있다. 병자는 소모와 고갈의 징후로 몸이 마르고 수척해져서 스스로의 몸을 가누기에도 어려운 지경이 되고, 음식을 섭취하거나 소화시키지 못하고, 목소리가 힘이 없고 거칠어지고, 호흡기 증상과 객담 및 객혈이 나타나고, 정신적으로 피폐해지며, 많은 경우 사망에 이른다. 이외에 목 뒤쪽에 발생하는 결절 또한 서구와 동아시아에서 공통적으로 관찰한 증상으로, 결핵과 노채에서 모두 언급된다. 병이 당장 앓는 병자만을 죽음으로 몰고 가는 것이 아니라 주변인에게 옮는다는 것 또한 공통적으로 언급되는 부분이다.

병자의 모습에서 직관적으로 병에 소모적인 성격이 있음을 읽어내어 각각 phthisis와 노채(勞瘵)라고 일컬은 것은, 두 의학의 공통적인 관점이 드러나는 지점이다. 목 뒤의 결절을 소모병과 연결시킨 것 또한 병자를 총체적으로 관찰한 결과일 것이다. 그러나 결절과 phthisis의 연결성을 서구 의학에서 좀 더 강조했는데, 해부를 통해 시각적으로 관찰한 변형된 폐의 모습이 목에 나타난 결절의 모양새와 유사했기 때문이다. 목 부위 결절과 폐 결절 사이의 형태적 유사성을 근거로 "phthisis는 폐의 연주창"이라 하기도 했다. 즉 연주창이라는 현상을 결핵과 연결시킨 것은 서구 의학 안에서 해부학의 역할 때문이며, 그렇지 않던 한의학의 노채에 관한 내용에서 결절이 언급되는 비중이 적다.

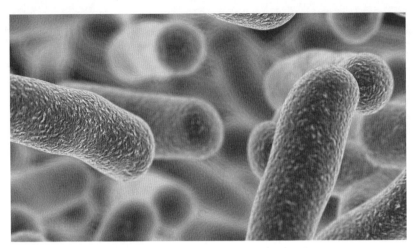

현미경으로 관찰한 결핵균(Mycobacterium tuberculosis)

　전염성 또한 양쪽에서 모두 관찰한 사실이었다. 그러나 전염이 어떤 과정을 통해, 무엇에 의해 일어나는가에 대해서는 서로 다른 관점을 가졌다. 서구에서는 먼저 병자의 주변인이 같은 병으로 사망하는 것을 보고 유전을 떠올렸다. 가족 단위로 감염되는 것에 착안해 공통의 기반을 가진 몸들이 이 병에 함께 취약하다고 본 것이다. 그러나 유전이 아닌 다른 경로로 병이 타인에게 전해진다고 본 견해도 있었다. 병자와 오랜 시간 함께 지냈던 경우나 직간접적으로 접촉한 경우에 같은 병을 앓게 되는 점에 착안해 같은 공간에서 필연적으로 공유할 수밖에 없는 공기를 통한 전파나 물리적인 접촉에 의한 감염의 가능성을 제기한 것이다. 이때 실제로 병을 전달하는 존재의 가능성을 제기했는데, 이 존재는 병자로부터 분리되었을 때 매개체로서의 영향력이 유한한, 눈에는 보이지 않지만 살아 있는 생명체로 설명됐다. 한의학에서 이들은 생물이기도 하지만 혼신(魂神)이 변형된, 추상적이면서 의식을 지닌 존재로 이해되기도 했다. 한편 이들은 병자와 미병자 사이를 '매개'만 하는 것이 아니라, 병인 그 자체이기도 했다. 몸이 고갈되어 피폐한 지경이 되면, 이러한 환경에서 병을 직접적으로 일으키는 '기괴지물(奇怪之物)'이 생성된다고 보았기 때문이다.

전염의 배후에 관한 결핵과 노채의 설명을 살펴보면, 둘 다 어떤 존재를 상정하고 있기는 하지만 서구에서는 그것을 몸의 외부로부터 기원하는 전혀 다른 존재로 보고 있는 반면 한의학에서는 외부에서 들어올 수 있는 존재임과 동시에 우리 몸 내부에서 발생할 수 있는 존재로 보았다. 즉 서구 의학에서는 결핵의 전염 및 감염의 배후에 있는, 눈에 보이지 않는 생명체를 배타적인 존재로 보았고, 한의학에서는 몸 상태에 따라 들어와 활개를 치거나, 몸에서부터 생성되기도 하는, 몸의 안팎을 넘나드는 유연한 존재로 여겼다. 『동의보감』의 편제에서 노채에 관한 내용이 실린 「충부」가 병인에 해당하는 항목 아래에 배치되어 있는 것이 아니라, 몸의 내부를 다루는 「내경편」에 속해 있다는 사실 또한 이러한 인식을 반영한다.

결핵을 일으키는 균(菌)과 노채를 일으키는 충(蟲)은, 병인이자 전염매개로서 역할이 동일하나, 전자는 그 존재적 기원이 우리와는 무관하며, 그것이 인체 내에 존재하는 것 자체가 잠재적인 병인으로서 몸에 위협적인 상황이므로 박멸의 대상이 되고, 더 나아가 해당 몸을 감염체로 오염시켜 사회적으로 위험한 존재로 만들어 버린다. 균(菌)이 발견된 몸은 치료 대상이자 격

PREVENT DISEASE

CARELESS
SPITTING, COUGHING, SNEEZING,
SPREAD INFLUENZA
and TUBERCULOSIS

결핵 포스터 이미지
https://commons.wikimedia.org/wiki/File:TB_poster.jpg

리 대상이며, 균을 박멸하기 전까지 오염된 몸으로서 배제된다. 한편 후자
의 충(蟲)은 우리 몸에 작용하기 전까지는 그 존재가 인식 대상이 아니며, 작
용이 병으로 드러나기 위해서는 허로라는 신체 상태가 선행되어야 한다. 충
의 존재는 병인으로서 위협적이고 몰아내야 할 대상이지만 몸이 고갈되지
않았다면 충은 영향력을 발휘할 수 없으며, 몸이 이미 고갈되어 충이 위력
을 떨친 상황이라면 충을 몰아내더라도 몸은 회복될 수 없다. 즉 충의 작용
은 몸 상태에 의존적이며, 이 때문에 예방과 치료에 있어서 충의 박멸은 미
봉책일 수밖에 없는 것이다.

　결핵과 노채에 있어서 균과 충에 대한 관점의 차이는 서구와 동아시아의
관점 차이를 드러낸다. 결핵을 몸에 나타나는 현상 위주로 인식했던 초기

개념과 노채는 닮은 부분이 많았으나, 눈에 보이는 증상과 병인의 '존재'에 주목한 결과 포착한 세균은 병 자체와 동일시되는 지경에 이르렀다. 감염병 시대를 살아가는 오늘날, 코로나 바이러스의 존재 또한 코로나 병 자체와 동일시되어 바이러스의 인체 검출 여부로 환자의 지위가 결정된다. 또는 무증상 감염자라는 이름으로 오염된 몸이 되어 사회로부터 격리된다. 코로나 말고도 다양한 감염병이 수시로 등장할 거라 예측하는 이 시점에서 세균의 존재 자체에만 치우쳐 있는 인식으로부터 한걸음 물러나 세균으로부터 몸의 아픔으로 이어지는 일련의 맥락을 세심하게 살펴볼 필요가 있다. 그래야 보다 전체적인 상황을 살필 수 있을 것이며, 감염병의 시대를 살아가는 우리가 더 현명하게 대처할 수 있을 것이다.

하리티

—아이들의 수호신이 된 천연두 여신

이은영

* 이 글은 저자가 대한한의학원전학회지 34권 4호에 투고한 논문 「노채에 대한 고찰-결핵과의 비교를 중심으로」을 수정 및 보완한 것임을 밝힌다.

이은영_ 경희대학교 인문학연구원 HK+통합의료인문학연구단 HK연구교수. 경희대학교 철학
과 및 동 대학원 졸업.
대표저역서로 『각성, 꿈 그리고 존재』(2017, 씨아이알), 『마인드풀니스』(2018, 민족사), 『코로
나19 데카메론』(2020, 모시는사람들) 등이 있다.

천연두의 신, 하리티

순식간에 수많은 사람들을 고통과 죽음으로 몰아넣는 감염병은 코로나 19 팬데믹 사태에서도 드러나듯 두려움의 대상이다. 과학과 의학이 발달한 21세기에도 이러한데, 감염병의 정확한 원인조차 알 수 없던 고대에는 그 공포와 불안이 얼마나 극심했을까? 고대인들은 미지의 그 원인을 신의 분노라든가 귀신의 작용에서 찾곤 했고, 그렇기에 감염병에서 벗어나려면 질병을 가져오는 귀신을 달래거나, 그것보다 더 강력한 존재의 힘을 빌려서 귀신을 몰아내야 한다고 생각했다. 이렇게 두려움의 한가운데서 질병을 가져오는 신이나 귀신을 쫓고, 또 치유의 힘이 있는 존재를 숭배하는 문화가 형성되었다. 인도에서 기원하여 중국, 네팔, 티베트, 한국, 일본에 이르기까지 폭넓게 나타나는 하리티(Hāritī) 여신에 대한 숭배도 이러한 예이다.

세계보건기구(WHO)가 1979년 천연두 박멸을 선언하기 전까지 두창이나 마마로도 불리던 천연두는 특히 아이들의 목숨을 쉽게 앗아간 역병이었다. 역병이 돌아 많은 사람들이 죽어 갈 때 그 죽어 가는 목숨의 경중을 따질 수는 없을 것이다. 그래도 어린아이의 죽음은 그중에서도 더욱 안타깝게 여겨지는 법이다. 또한 그 어린아이를 잃은 부모의 심정은 다른 이가 보기에도 인간이 겪는 가장 큰 슬픔 중 하나임이 틀림없다. 아무 잘못도 없는, 아니 미처 잘못을 저지를 만한 시간도 주어지지 않은 아이들의 죽음 앞에서 부모는 대체 왜 내 아이에게 이런 끔찍한 비극이 벌어졌느냐고 하늘에 소리라도 치고 싶은 심정일 것이다. 아마도 그래서 고대인들은 사악한 의도를 가진 누군가의 악행으로 이 역병이 발생했다고 믿었던 것 같다. 하리티도 원래는 그러한 악행을 저지르는 신, 천연두를 가져오는 역신(疫神)이었다. 그런데 역병을 일으킨 악신(惡神) 하리티는 나중에 그 역병과 질병을 치료하는 선신(善神)으로 변모하게 된다. 게다가 하리티는 아이를 원하는 이에게 아이를 가져다주고 순산을 도우며 아이가 건강하게 잘 자라도록 지켜주는 역할까지 하게 된다. 그래서 무서운 역신 하리티는 인도뿐만 아니라 아시아 전역에서 많은 이들의 숭배와 사랑을 받는 아이들의 수호신이 되었다.

간다라 지방의 스카라흐 데리(Skarah ḍheri)에는 2세기에 조성된 것으로 추정되는 하리티 신상이 있다. 이 신상의 비명에는 천연두를 하늘로 가져가 달라는 기원이 쓰여 있어서 하리티가 천연두와 관련된 신이라는 것을 확인할 수 있다. 원숭이 사원으로 더 잘 알려진 네팔 카트만두의 스와얌부나트(Swayambhunath) 사원에는 하리티 사원이 따로 있다. 하리티는 그곳에서 아지마디야(Ajimadya) 혹은 시탈라 마주(Sitala maju)라고도 불리는데, 아지마디야는 '할머니 여신', 시탈라 마주는 '천연두 신'을 의미한다. 천연두에 걸린 사람들은 하리티 사원에 와서 공물을 바치며 병을 낫게 해달라고 빌었다. 천연두가 사라지고 나서도 하리티 여신에게 빌어서 아이들의 질병을 치료하려는 사람들의 발길은 계속 이어지고 있다.

네팔의 전통 가요 시탈라 마주 (Sitala Maju)는 바로 이 사원과 비극적인 역사적 사연을 담고 있다. 1790년대 후반 네팔의 카트만두 계곡에 천연두가 퍼졌다. 당시 왕이었던 라나 바하두르 샤(Rana Bahadur Shah)의 아내 중 가장 사랑받던 칸티바티 (Kantivati)마저 천연두에 걸렸다. 왕은 칸티바티의 병이 낫기를 간절히 신에게 빌었고 아직 두 살밖에 안 된 그들 사이의 아들 기르바나(Girvana)에게 왕위까지 물려주었다. 이런 노

2세기 경 스까라흐 데리의 하리티 신상(Government Museum and Art Gallery, Chandigarh)
출처: https://commons.wikimedia.org/wiki/File:Hariti_(Gandhara).jpg

력에도 불구하고 칸티바티가 죽자 미칠 듯이 분노한 왕은 스와얌부나트의 하리티 신전(시탈라 신전)을 훼손했다. 게다가 아들의 감염을 막고자 카트만두 계곡에서 천연두에 걸린 아이들을 모두 추방했다. 아프고 죽어 가는 아이들을 데리고 부모들은 제대로 먹지도 입지도 못하며 먼 길을 떠나야 했다.

네팔의 전통가요 '시탈라 마주'는 대부분 네와르족이었던 그 쫓겨난 사람들의 애환을 담은 노래이다. 이 노래는 하리티 신에게 호소하는 것으로 시작한다.

오 어머니 시탈라여! 이 가엾은 백성들을 보세요.

이런 일은 본 적도 들은 적도 없어요. 천연두에 걸린 아이들을 나라에 둘 수 없답니다. 왕이 명령했어요.

　…〈중략〉…

햇빛도 들지 않는 땅에서 아이는 감기에 걸려 죽어요.

부모는 가슴을 치며 울어요.

아이를 화장할 수도 없고 매장할 수도 없어요.

오, 여신이여! 이 가엾은 백성들을 보세요.

죽은 아이의 몸을 엄마와 아빠가 반씩 나누어 잡고 타마 코시 강에 던져요.

자비심 없는 왕 때문에 부모는 천연두에 걸린 아이들을 버리고 강을 건너야 해요.

라나 바하두르가 네팔의 왕인 시절, 사람들은 너무나 고통스러워요.

오 어머니 시탈라여! 우리를 괴롭히지 말아 주세요.

우리를 구해 주세요. 간절히 당신께 빕니다.

　잔인한 왕의 최후는 좋지 않았다. 그는 몰락하여 바라나시로 망명했다가 1806년 카트만두로 돌아왔지만 결국 이복형제에게 살해당했다. 네팔에서 천연두는 그 이후로도 몇 번 더 창궐했다. 이 비극적인 추방을 감행하면서까지 라나 바하두르 샤가 보호하려 했던 아들 기르바나도 결국 1816년 열아홉 살에 천연두로 사망한다.

불교 문헌이 전하는 하리티 이야기

인도 고대의 천연두 신 하리티는 불교에 수용되어 사람을 잡아먹는 야차였다가 붓다를 만나 참회하고 불교와 아이들의 수호자가 되는 여신으로 나타난다. 불교문헌 『불설귀자모경(佛說鬼子母經)』, 『잡보장경(雜寶藏經)』, 『근본설일체유부비나야잡사(根本說一切有部毗奈耶雜事)』 등에서 하리티는 가리저(訶利底), 가리제(呵利帝), 가리타(呵利陀), 가리제모(呵利帝母), 귀자모(鬼子母), 애자모(愛子母), 천모(天母), 환희모(歡喜母), 공덕천(功德天), 길상천(吉祥天) 등 다양한 이름으로 일컬어진다.

『불설귀자모경』에 의하면, 하리티는 귀왕(鬼王)들의 어머니[鬼子母]가 현생에 사람의 모습으로 나타난 것이다. 여기서 전하는 이야기는 다음과 같다.

하리티에게는 천상에 오백 명, 인간 세상에 오백 명, 이렇게 천 명이나 되는 자식이 있었고, 그 자식들은 천 명 모두가 각자 만 명의 악귀를 거느린 귀신의 왕들이었다. 귀왕들은 천상과 인간 세상을 어지럽히며 사람들을 괴롭혔다. 자기 자식이 천 명이나 됨에도 불구하고 하리티는 남의 아이를 훔쳐서 잡아먹기를 즐겼다. 사람들은 누가 아이를 훔쳐갔는지도 모르고 아이를 찾아 온 동네를 슬피 울며 돌아다녔다. 마침 붓다의 제자들이 하리티가 살고 있던 대도국大兜國에 머무는 중이었는데, 울부짖으며 마을을 헤매고 다니는 사람들을 보고 제자들이 그 이유를 물었다. 그러자 그들은 아이를 잃어버렸는데 시신조차도 못 찾고 있다고 대답했다. 알고 보니 그 마을 사람들 중 상당수가 자식을 잃었다. 그리고 그 모든 게 하리티의 소행이었다.

제자들의 이야기를 듣고 붓다는 하리티의 악행을 막아야겠다고 생각했다. 붓다는 제자들에게 하리티가 외출했을 때 자식들을 모두 잡아와 그들이 머물고 있는 정사精舍로 데려와 숨기라고 했다. 제자들은 붓다의 말대로 했다. 제자들이 그렇게 한 날도 하리티는 평소처럼 남의 집에 가서 아이를 훔쳤다. 그런데 훔친 아이를 데리고 집에 돌아와 보니 자신의 아이들이 하나도 없었다. 집안 곳곳을 뒤져도 그 많은 아이들이 단 한 명도 없었다. 집 밖에 나가 동네를 샅샅이 찾아보았지만 아이들은 어디에도 보이지 않았다. 그렇게 열흘이나 아이들을 찾아다닌 하리티는 정신이 나가 머리를 산발하고 저잣거리에서 슬피 울며 가슴을 치고 하늘을 보았다. 미친 듯이 지껄이고 울부짖으며 아무것도 먹지 못했다. 그때 붓다의 제자가 다가와 하리티에게 물었다.

"무슨 일로 이렇게 머리를 산발하고 슬피 울고 있습니까?"

"제 자식들을 다 잃어 통곡하고 있습니다."

"자식들을 되찾고 싶은가요?"

"그럼요."

"정말로 자식들을 되찾고 싶다면 과거와 미래의 일을 훤히 아시는 붓다께 가서 여쭤보세요. 그분을 뵈면 자식들을 찾을 수 있을 것입니다."

하리티는 자식들을 되찾을 수 있으리라는 기대를 품고 붓다에게로 갔다. 그렇게 찾아온 하리티에게 붓다가 물었다.

"무슨 일 때문에 저잣거리에서 그리 통곡하고 있었느냐?"

"제 자식들을 잃었기 때문입니다."

그러자 붓다가 다시 물었다.

"그대는 어디에 있었기에 자식들을 잃어버렸느냐?"

순간 하리티는 말문이 막혔다. 자신의 아이들이 사라진 그 시간에 자신은 어디에서 무엇을 하고 있었던가. 재차 붓다가 하리티에게 물었다.

"그대는 어디에 있었기에 자식들을 잃었느냐?"

그 시간에 하리티는 남의 집에 있었다. 거기서 남의 아이를 움켜쥐고 집에 돌아가 잡아먹을 생각을 하며 즐거워하고 있었다. 그 아이를 잃은 부모는 통곡하며 아이를 찾아 온 마을을 헤맸으리라. 마치 자신이 아이를 잃어버리고 망연자실하여 저잣거리에 주저앉아 통곡했던 것처럼 그 아이의 부모도 그랬으리라. 하리티의 마음에 그 부모의 고통과 비탄이 고스란히 느껴졌다. 하리티는 비로소 자신의 악행을 깨달았다. 침묵 끝에 하리티가 입을 열었다.

"제가 어리석었습니다."

붓다가 하리티에게 물었다.

"그대는 자식들을 사랑하는가?"

"네, 저는 제 자식들이 늘 제 곁에 있기를 바랍니다."

"그대도 자식들이 있어 그들을 사랑하면서 어찌하여 날마다 다른 사람의 자식을 훔쳤느냐? 다른 사람들도 그대가 자식을 사랑하는 것과 똑같이 그들의 자식을 사랑하느니라. 자식을 잃은 그들도 그대와 마찬가지로 길거리를 헤매며 슬피 통곡한다. 그런데도 그대는 그 사람들의 자식을 훔쳐서 잡아먹었으니 죽은 후에 지옥에 떨어지리라."

두려움에 몸을 떠는 하리티에게 붓다가 다시 물었다.

"그대는 정말로 자식들을 되찾고 싶은가?"

하리티는 땅에 머리를 조아리며 간청했다.

"저를 가엾게 여겨주십시오."

"자식들이 살아 있다면, 그대는 참회하겠는가? 참회할 수 있다면 자식들을 돌려주겠다."

"진실로 참회하겠나이다."

"어떻게 참회하겠는가?"

"붓다의 가르침을 듣고 그 가르침에 따라 참회하겠습니다. 자식들만 돌려주신다면, 가르침을 저버리지 않겠나이다."

붓다는 하리티에게 다섯 가지 계율五戒을 주었다.

"살생하지 말라. 훔치지 말라. 음행하지 말라. 이간질하지 말라. 술 마시지 말라. 이 다섯 가지 계율을 받아 잘 지키면 자식들을 되돌려 받을 수 있을 것이다."

"저는 붓다의 가르침을 듣고 붓다의 말씀에 따라 참회할 것입니다. 붓다께서 제 자식들을 되돌려 주신다면, 저는 붓다께서 하신 말씀을 저버리지 않겠습니다."

하리티는 참회하고 그 다섯 가지 계율을 받았다. 붓다는 하리티에게 그녀의 천 명의 자식들이 사람들을 어떻게 괴롭히고 있는지 말해 주었다. 또 사람들로 하여금 살생을 저질러서 그것으로 그들에게 제사 지내게 한다고 꾸짖었다. 하리티는 자식들도 붓다의 가르침대로 살게 하겠다고 다짐했다.

"그대는 앞으로 다시는 사람들을 괴롭히지 말고 아이가 없는 이가 아이를 구하면 아이를 줄 것이며 사람들을 보호하라."

이것이 악한 귀신 하리티가 붓다를 만나 불교와 아이들의 수호신이 된 사연이다. 불교 문헌에 따라 하리티에게 몇 명의 자식이 있었는지, 또 붓다가 누구를 숨겼는지 등 전하는 이야기가 약간씩 다르다. 『잡보장경(雜寶藏經)』의 「귀자모가 아이를 잃은 인연(鬼子母失子緣)」에서 하리티는 귀신왕 판치카 (Pāñcika, 般闍迦)의 아내인데, 아이가 일만 명이나 되었다고 한다. 또 붓다는 하리티의 자식들 모두를 숨긴 게 아니라 하리티가 가장 사랑하는 막내 핑갈라 (Piṅgala, 嬪伽羅)만 잡아다 발우 밑에 숨겼다. 그 외에 하리티가 막내 아이를 찾아 헤매다가 붓다에게 와서 계(戒)를 받고 참회한다는 내용은 비슷하다.

『근본설일체유부비나야잡사(根本說一切有部毗奈耶雜事)』에서 전하는 이야기는 더 상세하다.

붓다가 살아 있던 당시 마가다국에는 사다娑多 야차가 있었고, 간다라국에는 반차라半遮羅 야차가 있었다. 둘 다 자신들이 있는 나라를 잘 보호해서 그 두 나라의 사람들은 풍족하고 즐겁게 살았다. 뜻이 잘 맞아 좋은 친구가 된 두 야차는 훗날 자신들의 딸과 아들을 결혼시키기로 약속했다. 그렇게 해서 사다 야차의 딸 환희歡喜와 반차라 야차의 아들 반지가半支迦가 장성하여 결혼했다. 환희는 아이를 오백 명이나 낳았다. 그런데 환희는 라자그리하에 살면서 사람들이 낳은 아이를 닥치는 대로 잡아먹었다. 사람들의 호소에 왕은 병사들을 시켜 거리와 성문을 지키게 했지만, 그 병사들마저 어딘가로 잡혀갔다. 임신

해상명부도 8폭 병풍 중 일부
출처: 국립민속박물관

한 부인들도 어딘가로 사라졌다. 점장이는 야차의 짓이니 제사를 지내야 한다고 했다. 그러나 제사를 지내도 소용이 없었다. 하루는 라자그리하에 사는 사람들이 모두 같은 꿈을 꾸었다. 꿈에 천신이 나와 이 모든 우환이 환희 야차의 짓이라며, 붓다만이 이 재앙을 끝내줄 수 있다 했다. 사실을 알고 분노한 사람들은 아이들을 잡아먹는 악하고 나쁜 야차를 '환희'라 부를 수는 없다 하였다. 이것이 바로 환희 야차의 이름이 하리티가 된 계기이다. 그 뒤의 이야기는 다른 이야기와 비슷하다. 사람들이 붓다를 찾아가 호소했고, 붓다는 애아愛兒라는 이름의 하리티의 막내 아이를 숨겼다. 그리고 괴로워하던 하리티는 붓다를 찾아가 참회하며 불교에 귀의한다.

국립민속박물관에 소장된 8폭 병풍 〈해상명부도(海上冥府圖)〉에는 〈게발도(揭鉢圖)〉라는 이름으로 중국에서 많이 그려진 그림이 들어가 있다. 붓다가 하리티의 막내를 발우에 숨긴 모습을 나타낸 그림이다. 하리티와 그녀의 다른 귀신 자식들이 아무리 애를 써도 붓다가 투명한 발우 안에 가둔 막내를 구해낼 수가 없는 모습이 묘사되어 있다.

그런데 하리티의 악행을 멈추기 위해 아이를 숨기고 하리티에게 가슴이 찢기는 듯한 고통을 준 붓다의 해법은 자비로운 붓다에 어울리지 않는 잔인하고 극단적인 해법으로 보인다. 붓다는 왜 이렇게까지 했을까? 『근본설일체유부비나야잡사』에 나오는 하리티와 붓다의 대화 한 토막을 보자.

"붓다여, 오늘 제가 애아愛兒를 보지 못하면 피를 토하고 죽을 것만 같습니다.”

　“오백 명 중 아이 하나를 보지 못해도 그리 괴로운데, 외동아이를 잃은 다른 사람들의 괴로움은 어떠하겠느냐?”

　“저보다도 몇 배가 더 클 것입니다.”

　“그대가 이제 사랑하는 사람과의 이별이 얼마나 괴로운지를 알았으니 어찌 남의 자식들을 잡아먹겠느냐?”

　다소 잔인해 보이는 붓다의 해법은 요즘 세상에서는 아동학대로 비난받을 수 있는 행동이다. 그러나 이런 이야기가 의도한 바를 생각해 보면, 붓다의 행위는 아이를 잃는 고통을 하리티에게 체험적으로 알게 함으로써 그런 고통을 겪는 다른 이의 마음도 알고 진심으로 공감할 수 있게 만든 것이다. 이는 다른 아이들, 그리고 그 아이들의 부모를 위한 것이자 계속된 악행으로 지옥에 떨어질 운명이었던 하리티도 구제해주는 것이다. 붓다로부터 아이를 무사히 되찾은 하리티는 어떠한 생각이 들었을까? 그토록 애달파하며 찾아 헤맨 아이를 되찾았을 때의 기쁨과 안도감은 살아가면서 느꼈던 어떠한 행복보다도 컸을 것이다. 불교는 붓다가 하리티에게 앞으로는 악행을 멈추고 아이를 갖고자 하는 사람에게 아이가 생기게 하며 사람들을 보호하라 명했다고 한다. 그러나 붓다의 명령 때문만은 아니었을 것이다. 아이가 없는 사람에게 아이가 생겼을 때의 기쁨, 아픈 아이가 병에서 회복될 때의 행복, 하리티는 자신도 경험했던 그 행복을 더 많은 사람들이 누리게 해주고 싶었을 것이다.

인도를 넘어 아시아의 치유와 순산, 육아의 여신으로

7세기 당나라 승려 의정(義淨, 635~713)은 바닷길을 통해 동남아시아를 거쳐 인도에 갔다. 그는 인도에 있는 10년간 나란다 불교대학에서 공부하고 불교 유적지를 답사했다. 이후 그는 『남해기귀내법전』을 저술하여 당시 인도와 동남아시아의 풍습과 불교 승단의 생활을 전했다. 「수재궤칙(受齋軌則)」이라는 항목에서 그는 하리티에게 드리는 제사를 전하고 있다. 당시 인도와 동남아시아에서는 재가자들이 승려들을 초청하여 식사를 대접할 때 지켜야 할 여러 예절과 규칙이 있었다. 예를 들어 작은 걸상에 나누어 앉아서 서로 부딪히지 않게 좌석을 배치해야 한다는 것 등이다. 그중 하나가 식사하는 끝자리에 음식을 담은 쟁반을 놓아 하리티에게 공양해야 한다는 것이다. 이렇게 하게 된 이유는 무엇일까? 의정은 앞에서 본 하리티 이야기를 간략히 전한 후 붓다와 하리티 사이에 어떠한 이야기가 더 이어졌는지 다음과 같이 기록한다.

"제 아이 오백 명은 이제 어떻게 먹고 살아야 합니까?"

이렇게 묻는 하리티에게 붓다가 말했다.

"승려들이 머무는 사찰에서 날마다 제삿밥을 마련하여 너희를 배불리 먹게 하겠다."

이렇게 해서 인도의 사찰들에서는 문이나 부엌 주변에 아이를 하나 안고 그 무릎 아래에는 세 명 혹은 다섯 명의 아이들이 있는 하리티의 상을 만들어 두거나 그림으로 그려 놓게 되었다. 그리고 날마다 그 앞에 음식을 차려 놓는다.

앞서 보았던 이야기들에는 분명하게 드러나지 않는데, 『남해기귀내법전』의 이 대목을 보면, 하리티는 남의 아이들을 훔쳐서 자신만 먹은 게 아니라 자기 아이들도 먹여 살린 것으로 보인다. 그래서 악행을 멈추면 자식들이 굶지 않을까 하리티는 걱정한 것이다. 붓다는 승려들이 사찰에서 하리티와 자식들을 위한 밥을 챙겨주게 하겠다고 약속했고, 재가에서도 승려들에게 공양할 때 하리티까지 챙기게 되었다. 의정은 병을 앓거나 아기가 생기지 않아 걱정인 사람들이 음식을 올리면 하리티가 자신의 큰 능력으로 병을 치료해주고 아이가 생기게 해 준다고 전한다. 의정보다 먼저 인도를 순례한 당나라 현장도 『대당서역기』에서 붓다가 하리티를 교화한 곳에 세워진 탑을 언급하며, 인도에는 하리티에게 제사를 지내어 후사를 내려주기를 기원하는 풍습이 있다고 전했다.

아이가 없는 가정에 아이를 가져다주고 아이의 순산과 양육을 도와주며 사람들의 질병을 치료해주는 하리티는 대중적으로 인기를 끌 만한 여신이었다. 인도를 넘어 하리티 여신에 대한 숭배는 동남아시아와 동아시아까지 퍼져나갔다. 인도네시아 찬디 믄듯(Candi Mendut) 사원 건물 입구에도 자애로운 얼굴로 아이를 품에 안고 있는 하리티의 부조가 있다.

동아시아에서는 특히 중국과 일본에서 하리티 신앙이 발달했다. 『남해기귀내법전』에서 의정은 하리티가 중국에서 예전부터 '귀자모(鬼子母)'라는 이름으로 불려 왔다고 한다. 일본 가마쿠라 시대에 조성된 다이고지(醍醐寺) 소

찬디 문듯(Candi Mendut)의 하리티 부조
출처: UNESCO / Dominique Roger
https://commons.wikimedia.org/wiki/File:Culture,_Campaign,_Mandut_-_UNESCO_-_
PHOTO0000002130_0001.tiff

장 가리테이모상(訶梨帝母像)은 왼팔로는 아이를 안고 오른손에는 석류를 들고 있으며 오른쪽 아래에도 아이가 한 명 있다. 현재도 일본에서는 기시모진(鬼子母神) 혹은 가리테이모(訶梨帝母)라는 이름으로 하리티 신앙이 이어지고 있다. 일본 도쿄의 조시가야(雜司ヶ谷)에는 하리티를 모신 기시모진도(鬼子母神堂)가 있고 해마다 축제도 열린다.

1990년대에 조성된 포천 구담사는 애자모 지장보살전을 두고 낙태나 유산으로 태어나지 못한 아기들을 천도하고 있다. 애자모(愛子母)는 하리티의 다른 이름이다. 사실 하리티가 남의 아이를 잡아먹게 된 이유에는 전생의 유산 경험이 있다. 『근본설일체유부비나야 잡사』에서 붓다는 하리티가 전생에 라자그리하에서 소를 기르던 사람이었다고 한다. 결혼한 지 얼마 안 되어 임신했는데, 하루는 우유병을 가지고 가다가 마을 사람들이 잘 차려입고 음악을 연주하며 동산으로 큰 모임을 하러 가는 것을 보았다. 하리티를 보고 아는 사람이 함께 춤추자고 권하자, 전생의 하리티는 즐기고 싶은 욕심이 났다. 그래서 어울려 춤을 추었는데, 피로한 탓에 아이를 유산하고 말았다. 근심에 빠진 하리티는 가지고 있던 우유로 오백 개의 암몰라 과일을 샀다. 아직 고타마 붓다

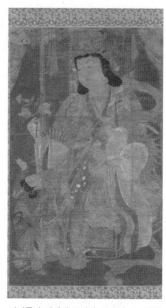

가마쿠라 시대에 조성된 일본 다이고지(醍醐寺) 소장 가리테이모상(訶梨帝母像)
출처: https://commons.wikimedia.org/wiki/File:Kariteimo.jpg

는 세상에 출현하지 않았던 시절이었고 하리티는 그 과일을 홀로 깨달은 성자에게 바치며 다음과 같이 악한 다짐을 했다.

"내가 성자께 과일을 바친 공덕으로 다음 생에 라자그리하에 태어나면 이 성안에 사는 사람들이 낳은 아들과 딸을 다 잡아먹으리라."

붓다는 하리티가 전생에 이렇게 오백 개의 암몰라 과일을 바치며 악한 다짐을 했기 때문에 라자그리하에 다시 태어나 오백 명의 아이를 낳고 성안

사람들의 아이를 잡아먹게 된 것이라고 설명한다. 유산으로 아이를 잃은 경험을 한 하리티는 아이에 대한 비뚤어진 집착을 갖게 되었고, 다시 태어나 자기 자식도 많이 낳았지만 남의 아이도 잡아먹은 것이다. 또한 아마도 아이를 잃은 자신이 겪은 고통과 절망을 다른 어머니들도 겪게 하려는 나쁜 마음을 품게 된 것이리라.

내 아이에 대한 사랑이 모든 아이에 대한 사랑으로

초기 불교 경전에는 파세나디왕과 말리카 왕비의 대화가 나온다.

어느 날 파세나디왕이 왕비인 말리카에게 물었다.

"말리카여, 그대에게는 그대 자신보다 더 사랑스러운 다른 사람이 있소?"

아마도 왕은 자신보다도 왕을 더 사랑한다는 달콤한 답변을 기대하며 물었을지도 모른다. 그러나 왕비의 대답은 의외다.

"대왕이시여, 나에게는 나 자신보다 더 사랑스러운 다른 사람은 없습니다. 대왕이시여, 대왕께서는 자신보다 더 사랑스러운 다른 사람이 있습니까?"

가만히 생각해보고 왕도 대답했다.

"말리카여, 나에게도 나 자신보다 더 사랑스러운 다른 사람은 없소."

이들은 붓다에게 가서 자신들의 대화를 이야기했다. 그들의 대화를 전해 들은 붓다가 말했다.

"마음이 어디를 다니든 자기보다 더 사랑스러운 남을 찾지 못합니다. 다른 사람에게는 그 사람 자신이 가장 사랑스럽습니다. 그러니 자신을 위해 남을 해쳐서는 안 됩니다."

나에게는 내가 남보다 더 사랑스럽고 소중하다. 이것이 나를 위해 남의 것을 빼앗거나 남도 나를 자신보다 더 사랑하라고 강요하는 이유가 될 수는 없다. 왜냐하면 내가 나를 가장 사랑하는 것과 같은 이치로 남에게는 그 사람 자신이 가장 사랑스럽고 소중하기 때문이다. 붓다는 하리티에게 바로 이러한 이치를 깨우쳐주고 싶었을 것이다. 하리티에게 그녀 자신의 자식이 너무나 사랑스럽고 소중하듯이, 다른 사람에게는 자신의 자식이 너무나 사랑스럽고 소중하다는 것을. 『숫타니파타』의 「자애경」은 다음과 같이 말한다.

마치 어머니가 목숨을 걸고 외아들을 아끼듯이
모든 살아 있는 것에 대해서
한량없는 자애의 마음을 내어라.

붓다는 하리티에게 전혀 없던 마음을 만들라고 하거나 기존의 마음을 완전히 정반대로 바꾸도록 하지 않았다. 수많은 아이를 훔치고 잡아먹은 악한 하리티이지만 그런 하리티에게도 남을 사랑하는 마음이 전혀 없는 것은 아니었다. 자신의 자식들, 특히 막내 아이에 대한 사랑만큼은 하리티도 지극했다. 자신의 아이에게로 향한 그 지극한 사랑의 마음이 다른 아이들에게도 향하도록, 그래서 악하게 사용된 강력한 힘이 치유와 보호의 선한 힘으로 쓰이도록 붓다는 하리티에게 각성의 계기를 마련해 주었을 뿐이다.

지역과 국가의 경계를 넘어서는 감염병의 전 세계적 유행, 팬데믹은 하리티 이야기를 돌아보게 만든다. 우리는 누구나 감염병으로부터 나, 내 가족, 내 나라를 지키고자 한다. 다른 이들은 각자 그 자신, 그들의 가족, 그들의 나라를 지키고자 한다. 우리가 모두 서로의 그러한 마음을 인정하고 각자가 처한 개인적, 국가적 불안과 고통에 공감하고 그것을 함께 나누려 한다면, 팬데믹은 전 세계적 연대의 계기가 될 수도 있다. 그리고 그 공감과 연대의 경험은 포스트 팬데믹을 살아갈 미래에 가장 소중한 자산이 될 것이다.

감염병을 그린 예술가들

이향아

이향아_ 경상국립대학교 사회학과 조교수. 前 경희대학교 인문학연구원 HK+통합의료인문학연구단 HK연구교수. 도시사회학, 역사사회학, (의료)문화사회학을 연구하고 있다.
대표적인 연구는 「전염병 위기 관리하기, 2020년 한국 코로나19 전염병 위기와 국가-사회 관계」(공저) , 『강남 만들기, 강남 따라하기』(공저), 『반포본동: 남서울에서 구반포로』(공저), 『서울, 권력도시』(공역) 등이 있다. 제1회 최재석학술상 우수박사학위논문상을 수상한 바 있다.

감염병은 인류의 역사와 함께한다. 사람이 모이는 곳에서 발생하고 확산되며, 따라서 '교류'를 전제로 한다. 황금기를 구가하던 그리스 아테네가 펠레폰네소스 전쟁에서 스파르타에 패배했던 원인도 아테네에 퍼졌던 감염병 때문이었다. 아테네 군인과 시민의 4분의1이 감염병 때문에 사망했고, 아테네 최고통치자였던 페리클레스도 이 당시 사망했다. 로마의 황제 아우렐리우스 안토니우스도, 6세기 로마 도시 인구의 40%도 '역병'으로 목숨을 잃었다. 14세기 서유럽을 강타해 인구 3분의 1 정도의 목숨을 잃게 만든 흑사병도 있다. 15세기말 남아메리카의 찬란했던 잉카문명이 스페인 식민지 왕국에 허망하게 스러져간 것도 유럽인들에게서 옮겨 온 천연두 등 감염병 때문이었다. 유럽의 제국주의를 논할 때 항상 언급되는 '콜럼버스의 교환'은 척박하고 감염병이 만발했던 유럽과 비옥하고 문명이 발달했던 남아메리카의 불균등한 교환으로, 남아메리카는 감염병으로 몰락하고 유럽이 세계의 강호로 부상하게 된 결정적인 원인을 설명해준다. 20세기 초 전 세계적으로 맹위를 떨쳤던 스페인 독감도, 20세기 후반 발발했던 AIDS도, 불과 몇 년 전 우리 사회에 경각심을 일으키게 해 줬던 사스와 메르스도 모두 인류의 문명과 함께 지속적으로 성장하고 진화해 왔다. 그리고 우리는 현재 코로나19 시대를 살아가고 있다.

예술은 인간을 탐구하는 활동이다. 따라서 인류의 역사와 떼려야 뗄 수 없는 감염병을 오랫동안 소재로 삼아왔다. 이 글에서는 인류 역사상 가장 큰 영향을 줬던 세 번의 감염병을 중심으로 당시 예술은 감염병과 당대를 어떻게 그려냈는지 간략히 살펴보고자 한다.

고대 그리스의 역사를 바꾼 아테네 역병(Plague of Athens)

고대 그리스는 100여 개의 도시국가로 이루어졌다. 고대 그리스를 대표하는 도시국가는 아테네와 스파르타였다. 페르시아 전쟁(BC 492-448)에서 승리한 후, 델로스 동맹을 주도했던 아테네와 펠레폰네소스 동맹을 주도했던 스파르타 간에 펠레폰네소스 전쟁(BC431-404)이 일어났다. 페르시아 전쟁을 승리로 이끈 아테네가 델로스 동맹 가입 도시국가들에게서 얻은 분담금을 아테네 국고처럼 전횡하면서 이에 불만을 품은 펠레폰네소스 동맹의 주도국이었던 스파르타와 전쟁을 하게 된 것인데, 이 전쟁은 아테네의 승리로 1년 안에 끝날 것이라는 예상과 달리 30년 가까이 계속되었고, 스파르타의 승리로 끝이 났다. 이후로 민주정을 꽃피우던 아테네의 시대는 저물고, 고대 그리스의 시대가 막을 내리게 되었다.

전력상 우세에 있던 아테네가 스파르타에게 패하게 된 가장 큰 이유는 바로 '아테네 역병'이라 불리는 감염병의 유행이었다. 그리스 민주정을 이끌고, 파르테논 신전을 건설하는 등 아테네 도시 경관을 만들어내던 페리클

필립 폰 폴츠(Philipp von Foltz)《추도사를 하는 페리클레스(Pericles' Funeral Oration, 1852)》
https://en.wikipedia.org/wiki/Pericles%27_Funeral_Oration#/media/File:Discurso_funebre_pericles.PNG

레스(Pericles, BC495-429)는 스파르타와의 전쟁에서 스파르타의 전력이 강했던 지상전을 피하고 아테네가 우세했던 해전으로 승리를 이끌고자 했다. 따라서 아테네 도시는 최소한의 방어만을 하게 하고, 아테네 시민들을 아테네에서 지중해를 잇는 피레우스(Piraeus) 항구로 이어진 성벽 안으로 대피시켰다. 전쟁 2년차, 펠레폰네소스 전쟁 중 희생된 전몰자를 추념하는 장례식이 거행되었다. 당시 아테네 시민총사령관이자 민주정 최고 지도자였던 페리클레스가 마지막 연설자로 나섰다. 그리스 역사가인 투키디데스(Thucydides,)는

『펠레폰네소스 전쟁사』에 페리클레스의 연설을 기록했다. 그는 연설에서 아테네 민주정과 아테네 시민들의 용맹함에 대한 자부심을 강력히 설파했다. 페리클레스의 장례식 추도사 장면은 독일의 역사화가인 필립 폰 폴츠가 그린《추도사를 하는 페리클레스(Pericles' Funeral Oration, 1852)》로 전해 온다.

> "나는 먼저 지금의 우리를 있게 한 정신 자세와, 우리를 위대하게 만들어준 정체와 생활 방식을 언급하고, 그런 다음 전사자들에게 찬사를 바칠까 합니다. 중략 우리는 고상한 것을 사랑하면서도 비용을 많이 들이지 않으며, 지혜를 사랑하면서도 문약하지 않습니다. 우리에게 부는 행동을 위한 수단이지 자랑거리가 아닙니다. 가난을 시인하는 것이 부끄러운 것이 아니라 가난을 면하기 위해 실천적인 조치를 취하지 않는 것이 진정으로 부끄러운 일입니다. 중략 행복은 자유에 있고 자유는 용기에 있음을 명심하고, 전쟁의 위험 앞에 너무 망설이지 마십시오. 죽음조차 불사할 이유가 있는 사람이란 더 나아질 가망이 전혀 없는 불운한 사람이 아니라, 살아 있을 경우 운명이 역전될 수 있고 실패할 경우 가장 잃을 게 많은 사람입니다. 자긍심을 가진 사람에게는 희망을 품고 용감하게 싸우다가 자신도 모르게 죽는 것보다, 자신의 비겁함으로 말미암아 굴욕을 당하는 것이 더 고통스러운 법입니다."

그러나 페리클레스의 리더십이 이끈 아테네는 결국 스파르타에게 패하고 만다. 펠레폰네소스 전쟁 2년째인 B.C.430년, 역병이 아테네를 덮쳤기 때문이다. 이집트를 거쳐 페르시아와 그리스로 퍼진 이 역병은 당시 아테네

미카엘 스베르츠(Michiel Sweerts, 1618-1664)《아테네 역병(Plague in an Ancient City, 1652-1654)》/ 미국 로스엔젤레스미술관 소장.
https://commons.wikimedia.org/wiki/Image:Plague_in_an_Ancient_City_LACMA_AC1997.10.1_(1_of_2).jpg?uselang=ko#/media/File:Plague_in_an_Ancient_City_LACMA_AC1997.10.1_(1_of_2).jpg

와 피레우스 항구를 잇는 방벽에 모여 살던 아테네인들에게 급속히 퍼져 7만 5천에서 10만 명에 이르는 아테네 인을 희생시켰는데, 이는 아테네 인구의 4분의 1에 해당하는 숫자였다. 이 역병으로 아테네를 이끌던 페리클레스가 사망하고, 지도자의 죽음과 인구의 급감으로 수세에 내몰린 아테네는 스파르타에게 패하고 말았다. 전쟁에서 패했을 뿐만 아니라, 아테네는 사회, 정치 면에서 더 이상 이전의 아테네가 될 수 없었다. 『펠레폰네소스 전쟁사』에서 이 역병을 직접 체험했던 저자인 투키디데스는 당시의 역병을 제법 상세하게 서술했다. 투키디데스에 따르면 당시 역병은 발열, 홍안, (심한 경우 출혈과 악취를 동반하는) 인후통, 구토, 극도의 갈증, 설사 등의 증상이 나타나는데, 주로 머리에서 시작해서 몸 전체로 퍼져나갔다. 아테네 역병은 이후 천연두나 홍역이라고 알려졌으나, 증상으로 보아 장티푸스였을 가능성도 언급되고 있다.

아테네 인구의 25%를 앗아가고, 아테네와 고대 그리스의 쇠락을 가져온 아테네 역병을 나타낸 이 그림은 네덜란드의 화가 미카엘 스베르츠가 1652년에 그린 작품이다. 스베르츠가 이 작품을 그린 당시 로마에는 감염병이 퍼져 있었던 것으로 보인다. 후에 미술사가들은 스베르츠의 이 작품이 고대 어느 도시를 한정해서 그린 것은 아닐 것이라고 판단하기도 했다. 국내에는 《아테네 역병》이라고 소개되었지만, 이 작품의 영어 원제는 '고대 도시의 페스트'이기에 스베르츠가 머물던 로마의 과거 역병을 표상한 것일 수도 있겠다. 더욱이 '페스트'라고 명명된 이 역병은 165-180년 사이 로마에서 발발한 '갈렌의 감염병(Plague of Galen)' 혹은 '안토니우스 역병'일 수도 있다(여기서 갈렌은 당시 병을 최초로 치료하던 갈레노스의 이름을 따온 것이다).

중세 유럽을 뒤흔든 흑사병

중세 유럽은 흑사병의 창궐로 서서히 저물어 간다. 중세시대 내내 크고 작은 감염병이 창궐했는데 특히, 6세기와 14세기에 흑사병이 크게 발발했다. 그중 14세기 흑사병은 1346년부터 1353년까지 유럽 전역과 아프리카,

피테르 브뤼헐(1525-1569)의 《죽음의 승리》, 1562, 마드리드 프라도 미술관 소장.
https://en.wikipedia.org/wiki/Pieter_Bruegel_the_Elder#/media/File:The_Triumph_of_Death_by_Pieter_Bruegel_the_Elder.jpg

유라시아 등에 걸쳐 최소 1억 명의 인명피해가 발생한 역사상 가장 치명적이었던 팬데믹이었다. 특히 유럽에서는 1/3~2/3에 달하는 인구가 사망하게 되었다.

1347년 시칠리아 메시나 항에 12척의 배가 도착하는데 그 배에 탔던 대부분의 선원들은 이미 죽거나 죽어 가는 상황이었다. 이후, 메시나 항을 통해 마르세이유, 로마, 플로렌스로 전파되고 1348년 영국의 웨이머스 항을 통해 유럽에 흑사병이 전파되게 된다. 이 12척의 배들은 이후 '죽음의 배(death ships)'로 일컬어진다. 이후 1397년 지금의 크로아티아에 속하는 라구사 공화

국은 흑사병 창궐지역에서 들어오는 선박은 무조건 40일간 격리를 시켰는데, 40을 뜻하는 이탈리아어 '콰란테나(quarantena)'가 오늘날 '검역'을 뜻하는 '쿼런틴(quarantine)'의 어원이 되었다. 이 흑사병으로 유럽은 종교·사회·문화·경제 모든 측면에서 상당한 혼란기를 경험하게 되었다. 흑사병은 페스트균에 의해 발발하는 급성 감염병으로 페스트에 감염된 쥐에 사는 벼룩이 인간의 몸에 옮겨붙으면서 동물에서 인간으로 전염되는 인수공통감염병이다. 그러나 마녀사냥이 횡행하던 중세시대에는 흑사병의 발발 원인을 알 수 없었고, 유대인과 한센병 환자 등이 집단으로 거주하고 이동하면서 흑사병을 전염시킨다고 공격하여 이들에 대한 폭력적인 마녀사냥이 일어나기도 했다. 1349년 2월 14일, 스트라스브르(현재 독일 지역)에서 유대인에 대한 참혹한 학살이 일어났다. 공포와 광기가 뒤덮은 유럽에서는 이유를 알 수 없는 이 죽음의 그림자에 대처하기 위해서라도 희생자를 만들어야 했고, 유대인들은 우물에 독을 탔다는 거짓 소문의 희생양이 되었다. 당시 스트라스브르에서 처형당한 유대인들은 대략 2천여 명에 달한다.

당시 흑사병은 몸이 검게 변하는 등 그 증상이 이루 말할 수 없이 참혹하여, 신의 형벌로 여겨지곤 했다. 종교와 신에 대한 믿음이 흔들리고, 죽음의 공포는 시대를 암울하게 만들었다. 이 시기를 담은 회화들이 모두 암울과 공포, 신의 저주와 같은 내용을 담고 있는 것도 당시 흑사병으로 인한 사회문화적 영향이라고 볼 수 있다.

《죽음의 승리》는 네덜란드 화가 피테르 브뢰헐이 그린 작품이다. 브뢰헐은 성화에 집중하던 중세시대의 화풍에서 벗어나 풍속화가로서 활동한 선

구자적인 인물이다. 같은 화가의 길을 걸었던 아들 피테르 브뤼헐(1564-1638)
과 구분하기 위해 아버지 피테르 브뤼헐은 '더 엘더(the elder)'를 이름 뒤에 붙
이고, 아들 피테르 브뤼헐은 '더 영거(the younger)'를 붙인다. 네덜란드 출신
인 브뤼헐은 벨기에의 안트웹(Antwerp)에서 작품 활동을 했다. 《농부의 결혼
식》, 《아이들 놀이》, 《농부의 춤》, 《네덜란드 속담》 등 세속적이고 풍속적
인 회화를 그렸던 브뤼헐이 중세시대의 대표적인 감염병이었던 흑사병을
그린 이 《죽음의 승리》는 지옥이 따로 없는 중세의 모습을 세밀하게 보여
준다. 해골 군단이 사람들을 완전 포위해서(물론 여기에 저항하는 사람들의 모습이 보이
긴 한다), 죽음의 상자 안으로 밀어넣고 있다. 죽음을 의미하는 해골로 뒤덮인
이 그림은 브뤼헐 특유의 섬세하고 세밀한 터치로 다양한 상황의 죽음을 묘
사하고 있다. 만연한 죽음, 중세의 흑사병에 대한 공포가 지금까지 느껴지
는 듯하다.

천재 화가들도 피해갈 수 없었던 스페인 독감

1918~1920년에 발발한 스페인 독감은 14세기 흑사병과 비견되는 20세기
최악의 팬데믹이었다. 스페인 독감의 최초 발원지는 스페인이 아닌 미국의
캔자스 지역인 것으로 알려져 있다. 1차 세계대전 중에 스페인이 이 독감에
대한 뉴스를 최초로 보도한 데서 '스페인'이라는 이름이 상용되고 있다. 당
시 전 세계 약 5천만 명에 가까운 희생자를 양산했고, 우리나라에서도 많은
감염자와 희생자를 낳았다. 당시 조선에서는 '무오년(戊午年) 독감'으로 알려

에드바르트 뭉크(Edvard Munch), 《스페인 독감 이후 자화상, 1919》, 메트로폴리탄 미술관 소장.
https://en.wikipedia.org/wiki/Edvard_Munch#/media/File:Edvard_Munch_-_Self-Portrait_with_the_Spanish_Flu_(1919).jpg

져 있던 스페인 독감으로 755만여 명의 감염자가 발생했고, 그중 14만여 명 정도가 사망했다. 독감으로 인해 많은 사망자가 발생했는데도 별다른 조치를 하지 못했던 식민 당국에 대한 불만이 1919년 3·1운동 발발에 직접적인 영향을 미치기도 했다.

세계적으로 유행했던 독감은 유명인들도 피해갈 수 없었다. 고전 사회학자인 막스 베버(Max Weber)를 포함해 많은 유명인들 또한 독감으로 사망했고, 마하트마 간디(Ghandi), 월트 디즈니(Walt Disney), 프란츠 카프카(Franz Kafka), 프랭클린 루즈벨트(Franklin Roosevelt), 빌헬름 2세(Wilhelm II), 우드로 윌슨(Woodrow Wilson), 발터 벤야민(Walter Benjamin), D.H.로렌스(D. H. Lawrence) 등도 독감으로 인한 호된 고통을 경험했다. 특히, 스페인 독감으로 목숨을 잃은 예술인들이 많았다. 오스트리아 화가 구스타프 클림트(Gustav Kilmt)와 에곤 실레(Egon Schiele)는 목숨을 잃었고, 에드바르트 뭉크(Edvard Munch)는 감염되었다가 살아 남았다.

"중년에 뭉크가 앓았던 결핵 형태의 감염병은 그의 전 생애를 지배했으며, 그의 작품세계의 연료가 됐다.《스페인 독감 이후 자화상》에는 고통받은 화가 자신이 유행성 살인범인 독감의 판결자이자 희생자로 나타난다. 간결하면서도 불안정함, 푹신한 변색의 빛깔, 열과 오한의 떨리는 설들은 환자의 절망, 격리, 나약함, 질병, 부족한 공기, 무감각과 절망을 강조할 뿐이다.

자화상에서 고통스러움을 표현한 뭉크의 상황은 스페인 독감을 아는 사람

에곤 실레(Egon Schiele) 《가족, 1918》 벨베데레 궁전 소장.
https://en.wikipedia.org/wiki/Egon_Schiele#/media/File:Egon_Schiele_-_Kauerndes_Menschenpaar_(Die_
Familie)_-_4277_-_%C3%96sterreichische_Galerie_Belvedere.jpg

들이라면 공감할 것이다. 세계 제1차 대전 막바지 무렵에 발발한 이 지구적

재앙은 당대의 허무주의와 묵시적인 세계관을 강화시키게 됐다. … 영구 동

토층에 매장된 독감 희생자들의 잔해에서 나온 표본들은 1918~1919년 변종에

대한 약간의 단서를 제공한다. 전염성이 높고 유별나게 치명적인 독감이 전

세계를 돌면서 가장 젊고 건강한 청년들을 희생시켰다. 의학은 그때서야 감염

병을 이해하고 진단과 치료를 위한 적당한 조치를 취하기 시작했다…."

미국의 질병관리청에서 발간하는 『신종감염병(Emerging Infectious Disease)』에

에곤 실레《사후 구스타브 클림트, 1918》, 레오폴드 미술
관 소장.
https://commons.wikimedia.org/wiki/File:Schiele_-_
Gustav_Klimt_auf_den_Totenbett_-_1918.jpg

서 뭉크의《스페인 독감 이후 자화상》을 소개한 설명이다. 뭉크는 평생 가
족의 사망과 자신의 질병, 우울증 등에 시달렸다. 그의 작품세계가 어둡고
불안이 가득한 이유이다.《스페인 독감 이후 자화상》에서도 뭉크는 죽음의
고비를 넘어온 뒤 상당히 노쇠해 있는 스스로를 그렸다.

　　오스트리아의 표현주의 화가였던 에곤 실레는 방탕과 일탈의 청년기를
통해 일찍부터 자신의 스타일과 색채를 지닌 화가의 길을 걸었다. 17세에
당대 유명 화가였던 구스타프 클림트(Gustav Klimt)를 만나 물질적, 정신적 후
원을 받게 된다. 클림트가 1918년 스페인 독감으로 사망한 이후 실레는 오
스트리아의 분리파에서 명성을 얻게 되었다. 실레가 그린《가족》은 새로운

가족에 대한 실레의 기대감이 잔뜩 묻어 있다. 실레가 명성을 얻어가고, 곧 아이의 탄생을 앞둔 설레이던 1918년도 잠시, 임신 6개월차였던 부인이 스페인 독감으로 아이와 함께 사망했다. 임신한 부인과 태아를 위해 바깥출입을 삼가고 실내에서도 마스크를 쓸 정도로 독감을 예방하고자 했던 실레의 상실감은 컸다. 실레는 부인의 초상화를 스케치하며 아내와 뱃속의 아기를 상실한 슬픔을 마주하던 중 그 자신도 3일 뒤에 스페인 독감으로 사망하게 된다. 1918년 오스트리아를 덮친 스페인 독감 2차 파도의 희생자가 된 것이다. 스페인 독감 2차 파도는, 앞서 '신종 감염병'이 뭉크와 함께 설명했던 대로, 유난히 젊고 건강한 청년층을 강타했다. 실레의 나이 28세였다.

관능적인 에로티시즘의 대가인 오스트리아의 화가 구스타프 클림트(Gustav Klimt)는 1918년 몇 번에 걸친 뇌졸중을 경험했다. 신체 마비로 인해 거동을 못했던 클림트는 비엔나 종합병원에 입원했고, 같은 해 병원에서 스페인 독감에 감염되었다. 2주간 독감 바이러스와 사투를 벌이던 클림트는 결국 1918년 2월 7일 세상을 떠났다. 클림트의 제자이자 동료였던 에곤 실레는 클림트 사망 소식을 듣고 비엔나 병원으로 찾아와 사망 직후 클림트의 얼굴을 스케치한다. 클림트의 얼굴은 뇌졸중과 독감 바이러스로 고통받아 크게 비틀어져 있었고 그로테스크했다.

스페인 독감은 오스트리아의 두 거장 화가인 클림트와 실레를 빗겨가지 않았다. 28살의 나이로 요절한 에곤 실레가 스페인 독감에서 살아남았더라면, 현대 미술사의 구도는 크게 달라졌을지도 모를 일이다.

감염되었다, 고로 나는 존재한다

—결핵을 바라보는 지식인들의 시선

박성호

박성호_ 경희대학교 인문학연구원 HK+통합의료인문학연구단 HK연구교수. 고려대학교 국어
국문학과 및 동 대학원 졸업.
대표저서로 『예나 지금이나』(2016, 그린비), 『화병의 인문학 근현대편』(2020, 모시는사람들),
『의료문학의 현황과 과제』(2020, 모시는사람들) 등이 있다.

타인에게 과시하고픈 질병

자신이 병에 걸렸다는 걸 기꺼이 여기는 사람은 없다. 남들 앞에서는 자신의 병을 드러내고 싶지 않은 것이 인지상정이다. 특히 감염병의 경우라면 더욱 그렇다. 환자에 대한 비감염자들의 배타적인 태도가 환자 스스로 발병 이력을 숨기게끔 만드는 까닭이다. 예컨대 코로나19의 확진자들이 겪었던 '코로나 블루'의 원인 중 하나로 확진자에 대한 주위의 선입견과 배타적인 시선이 한몫 했다는 점을 들 수 있겠다.

그런데 이런 경향과 정반대의 길을 걸었던 감염병이 있다. 이미 19세기 말에 병원체의 정체가 밝혀졌음에도 불구하고, 이 병에 걸린 사람들 중 상당수는 자신의 발병 사실을 숨기기는커녕 오히려 이 병에 걸렸다는 점을 자랑스럽게 내세우고는 했다. 혹은 이 병을 묘사하고 표현하는 방식도 병으로 인해 환자가 겪는 고통스러운 모습보다는 병을 통해 드러나는 천재성이나 예술적 감수성을 부각시키는 데 초점을 맞추곤 했다. 그렇다고 이 병이 실제로 그처럼 고상하고 우아했던 건 절대 아니다.

이 병은 현재 한국에서도 법정전염병으로 지정되어 있으며 전 세계적으로도 매년 수많은 환자와 사망자를 낳고 있는 병이다. 물론 1940년대 후반 치료제가 개발되기도 했고, 현재는 백신도 있어서 예방이나 치료가 불가능한 병은 아니지만, 그럼에도 불구하고 이 병은 여전히 사그라들지 않고 있다. 심지어는 세계보건기구(WHO)에서 이 병 때문에 1993년 세계적인 보건 비상사태를 선포하는 일까지 벌어졌을 정도이다.

우리에게는 '불주사'라는 별칭과 더불어 어깨의 접종 흔적을 남겨 놓은 BCG 백신으로 더 유명한 감염병, 그리고 본래의 이름 외에도 노채, 뇌점, 부족증, 소모병 등 다양한 이름으로 불리기도 했던 병, 고대로부터 유구하게 존재해 왔으면서도 여전히 감염병으로서의 위력을 발휘하고 있는 병, 결핵(tuberculosis)이 바로 그것이다.

최남선과 이광수 — 결핵을 자랑하기 시작한 사람들

"우측 폐에 결핵의 조짐이 보였다고 하는도다!"

이른바 '최초의 신체시'라고 하는 「해에게서 소년에게」의 작가 최남선이 적었던 한 줄의 문장이다. 이 글은 그가 발간하던 잡지 『청춘』 통권 13호(1918년 4월)에 게재된 「아관(我觀)」의 일부다. '아관'이라는 제목이 다소 낯설기는 하지만, 요즘 식으로 말하면 권두언 내지는 편집자의 말 같은 성격의 글로, 최남선 자신이 몇 개의 소제목 하에 자신의 생각이나 감상을 적어 두었다.

그중에서도 "병든 벗[病友] 생각"이라는 소제목 하에 써 내려 간 글 속에서

최남선(사진 왼쪽)과 이광수(사진 오른쪽). 최남선은 자신이 발간하던 잡지 『청춘』에서 이광수의 결핵 발병 소식을 전했다. (출처: 『화병의 인문학-근대편』)

최남선은 어느 봄비 내리는 날 친구로부터 입원했다는 연락을 받았다면서 이야기를 시작한다. 어린아이나 청년이 병을 앓는 것은 마치 누에가 고치를 벗거나 사람이 자신의 몸을 청결하게 씻는 것과도 같아서 일단 앓고 나면 전보다 더 깨끗하고 건강한 몸으로 거듭나는 것이니 병이 들었다고 해서 굳이 놀라거나 꺼릴 일만은 아니라고도 해 보지만, 그럼에도 최남선은 병든 친구에 대한 걱정을 내려놓지 못한다. 그 친구의 이름은 춘원(春園). 우리에게도 「무정」으로 잘 알려져 있는 소설가 이광수(李光洙)다.

이광수가 당시 실제로 결핵 때문에 입원을 했는지는 정확하게 확인되지는 않는다. 다만 이미 어렸을 때 폐렴을 앓았다는 기록이 있고, 이로 인해 평생 폐와 관련된 질환에 시달렸으리라는 것을 짐작하기란 어렵지 않다. 심지어는 그의 사망에 대해서도 전쟁 때의 폭격에 희생된 것이 아니라 폐결핵이 악화되었기 때문이라는 증언까지도 있을 정도다.《중앙일보》 2005년 7월 26일 자에 보도된 민족작가회의 관련 기사에서는 북한 측 인사인 재북평화통일촉진위원회 상무위원 최태규씨가 "춘원은 폐결핵이 심해져 만포 소재 군인민병원으로 후송 중 사망"했다고 증언했다.

그런 점을 생각한다면 최남선이 이광수의 근황을 설명하면서 폐병을 탄식한다는 건 좀 새삼스럽다. 벗의 건강을 우려하는 일이야 특별하달 것도 없겠지만, 그걸 굳이 『청춘』의 편집인이라는 관점에서 독자를 상대로 탄식하듯이 풀어냈던 건 무슨 까닭일까. 게다가 자신의 친구이자 당시 조선 사회 내에서 「무정」의 작가로 많은 이들의 관심을 독차지했던 이광수의 발병 소식을 굳이 『청춘』의 머리글을 통해서 사람들에게 널리 전하려고 한 이유는 무엇일까. 최남선은 이렇게 이야기한다. 남들은—심지어는 의사조차도—알지 못하는 그의 발병 원인을 자신은 알고 있노라고.

"춘원의 건강이 무엇 때문에 상하였나? 나는 안다고 하리라. 그는 시인이로다. 정열가情熱家로다. 남이 느끼지 못하는 바에 느끼는 것이 얼마며, 남이 깨우치지 못하는 것에 깨우치는 일이 얼마며, 그리하여 남들이 원통해하거나 슬퍼하거나 근심하거나 울지 아니하는 일에 혼자 원통해하고 슬퍼하고 근심하고 우는 것이 무릇 얼마인지를 알지 못하는도다. … 그가 우리 모두를 대신하여 입이 있는 표를 하려 하며 답답한 가슴을 훑어내려 하며 서러운 사정을 그려내려 하며 앓는 소리를 지르려 하며 병의 형세를 샅샅이 형용하려 하는 줄을 내가 아는도다."

결핵에 걸리는 이유는 무엇일까. 일단은 결핵균에 감염되기 때문이다. 다만 감염되더라도 면역력이 정상이라면 발병하지 않은 채로 지낼 수도 있다. 대한결핵협회에 따르면 결핵균에 감염된 사람 중 10%만 발병하여 결핵환자가 되고, 나머지 90%의 감염자는 면역기전에 의해 평생 발병하지 않는다고 한다. 그리고 결핵환자 중 50%는 결핵균 감염 후 1~2년 내에 발병하며 나머지는 잠복상태로 있다가 면역력이 떨어지면서 발병하게 된다.

당시 이광수의 면역력이 상당히 떨어진 상태였으리라는 것은 최남선의 글 속에서도 엿보인다. 이광수의 최근 행적에 대해 설명하는 과정에서 그의 생애가 표랑적(漂浪的), 즉 여기저기 떠돌면서 정신과 신체의 고단함을 떨치기 힘든 처지였음을 언급한다. 북으로는 시베리아, 남으로는 양쯔강(揚子江)을 넘나들면서 오랜 시간 고초를 겪었으니 이 과정에서 몸이 쇠약해졌으리라는 추론을 하기란 어렵지 않다. 하지만 최남선은 이런 가능성을 인정하지 않는다. 이광수에게는 무쇠 같은 몸과 한량없는 정신력, 그리고 탁월한 재능이 있으니 이런 정도의 고난으로 인하여 병들 까닭은 없다는 것이다.

최남선은 결핵에 대한 일반론을 이광수에게 적용하는 것을 거부한다. 만일 환자였다면 의사 입장에서는 꽤 피곤한 사람이었을 것이다. 사실 최남선은 과거 『소년』을 집필, 발간하던 무렵에 신경쇠약을 앓고 있노라고 고백했던 적이 있다. 이때에도 의사로부터 과도한 활동을 피하고 휴식을 취하라는 권고를 받았지만 자신은 '섭생을 잘 알지 못하여' 이런 권고조차 듣지 않았

《조선일보》에 연재되었던 김유정의 「만무방」. 작중에서 결핵(뇌점)을 등장시킨 소설이기도 하다.

노라고 했었다. 이게 1909년의 일이었는데, 근 10년이 지난 1918년에 이광수의 결핵 발병 소식을 대하는 최남선의 태도에서도 비슷한 모습이 드러나고 있는 셈이다.

오직 최남선만이 이해하는 발병 원인은 바로 이광수가 '시인'이자 '정열가'라는 점이었다. 보통 사람들이 느끼거나 깨닫지 못하는 것들을 홀로 느끼고 깨닫는 까닭에 남들이 반응을 보이지 않는 일에 대해서조차도 홀로 울면서 슬퍼하다가 병에 걸렸다는 것이다. 남들보다 예민한 감각의 소유자라는 점 때문에 병이 든다고 하면 한편으로는 그렇게 낯설게 들리지는 않는다. 우리도 종종 병원에서 '신경성'이라는 말을 듣거니와, 신경이나 감각이 예민한 사람일수록 병들기 쉽다는 통념은 현대를 사는 우리에게도 비교적 친숙한 감각이다. 하지만 또 다른 한편으로 생각해보면, 신경이 예민한 사람이라서 결핵에 걸렸다는 주장은 어딘가 와 닿지 않는다. 우리는 이미 결핵을 유발하는 것이 결핵균이라는 병원체임을 알고 있고, 결핵균에 의한 감염을 '신경성'이라는 술어로 풀어내기란 어렵지 않느냐는 의문을 품게 된다. 이건 말하자면 남들보다 예민한 사람이라서 코로나19 확진자가 되었다는 것과 비슷한 이야기가 아닌가?

질병을 일으키는 병원체로서의 미세생물, 즉 '균'의 존재가 확인된 것은 19세기의 일이었고, 한국에도 이미 19세기 후반 무렵부터 이와 관련된 의학적 지식들이 전파되고 있었다. 당시 신지식의 최첨단에 서 있었던 최남선이나 이광수와 같은 사람들이 이러한 사실을 전혀 몰랐으리라고 생각하기는 힘들다. 심지어는 당시 이광수와 연인 관계였으며 훗날 부부의 연까지 맺게 되는 허영숙은 동경여자의학전문학교 학생이었으며 졸업 이후에는 한국에서 개원까지 했던 의료인이었다. 그럼에도 이광수의 결핵은 면역력 저하와 결핵균 감염이 맞물린 결과로 발생한 감염병이라기보다는 일종의 지혜열(智惠熱) 같은 것처럼 간주되었다. 그리고 이는 당시 사람들이 결핵을 바라보던 시선과도 맞물려 있었다.

기력의 부족은 병을 낳는다─결핵에 대한 또 다른 이해

다른 감염병들도 그러했지만, 결핵을 가리키던 병명은 꽤나 다양했다. 한의학에서는 '노채(勞瘵)' 혹은 '허로(虛勞)' 등으로 불렸다. 아직까지 남아 있는 한국의 의학서적 중 가장 오래된 것으로 알려진 『향약구급방(鄕藥救急方)』에도 노채문(勞瘵門)이라 하여 결핵을 다룬 항목이 있었다. 우리에게 잘 알려진 허준의 『동의보감』에도 결핵을 가리켜 노채, 전시(傳屍) 등으로 지칭한 바 있다.

'뇌점'이라는 명칭도 쓰였는데, 김유정의 소설 「만무방」에서 웅오의 처가 앓는 병이 바로 이 뇌점이다. 작중에서 웅오의 처는 "가쁜 숨소리가 … 색, 색 하다가 아이구, 하고는 까무러지게 콜록거리"는 모습으로 묘사된다. 의사에게 제대로 진찰을 받아본 적은 없으니 정확하게 무슨 병인지는 알지 못하나, "혹 안다는 사람의 말인즉 뇌점이니 어렵다"는 서술이 등장하는 걸 보건대 결핵을 전제로 한 설정인 듯하다.

19세기 이후에는 부족증(不足症) 혹은 소모병(消耗病)이라는 표현도 흔히 사용되었다. '부족'이라든가 '소모'라는 이름에서도 엿보이지만, 이들은 결핵이 뭔가의 결핍 내지는 부족으로 인해 발생하는 병이라는 인식을 담고 있었다. 특히 소모병의 경우에는 Consumption Disease에 대한 번역어로 제시되기도 했는데, 말 그대로 뭔가의 '부족' 내지는 '소모'로 인하여 생기는 병이라는 의미였다.

사실 오늘날의 병명과 과거의 병명 사이에 생기는 의미나 범주의 차이는 다른 여러 병에서도 발견된다. 예컨대 콜레라는 '괴질'이나 '쥐통'이라는 이름으로도 통용되었는데, 그렇다고 괴질과 콜레라가 완전히 등치되는 것은 아니었다. 장티푸스나 파라티푸스, 발진티푸스는 외형상으로는 서로 구별하기가 힘들었기에 온역(瘟疫)이라는 동일한 이름 내에서 섞인 채로 통용되기도 했다.(신동원, 193) 지금이야 병원체의 종류에 따라서 병을 구분하고 병명을 부여하는 것이 일반적이지만, 19세기 이전까지만 해도 병을 구분하는 방식은 눈으로 확인이 가능한 증상에 기댈 수밖에 없으니 어쩔 수 없는 일이었다.

그런데 유독 결핵에 대해서만큼은 전염에 대한 상상력이 그다지 적용되지 않았다. 그래도 역병이나 괴질이라는 명명 속에는 전염을 통한 대규모의 유행병이라는 인식이 작동하고 있었지만, 소모병이나 부족증이라는 명칭 속에는 그러한 요소를 찾아보기 힘들었다. 결핵은 엄연한 감염병이지만 감염병이 아닌 것처럼 이해되고 통용되었다.

사실 결핵이 감염병의 일종이라는 걸 사람들이 전혀 눈치채지 못했던 것은 아니다. 물론 결핵균이 발견된 것은 1882년 코흐(Koch, R.)에 의해서였지만, 그 이전에도 결핵이 일종의 생물체나 기운에 의해 발생한다는 지식은 존재했다. 위에서 언급한 『동의보감』에서만 해도 결핵의 발병 원인에 대해 "나쁜 벌레[惡蟲]가 사람의 장부에 있는 정혈을 파먹어서 생긴다"고 설명했으며, "사람이 죽은 뒤 다시 일가친척 중 한 사람에게 옮겨 간다"면서 사람 사이의 전염을 유발한다는 점을 명시하기도 했다. 심지어는 노채를 일으키는 채충(瘵蟲)이라는 벌레가 어떻게 생겼는지를 상세하게 설명하면서 "혹 말똥구리 같거나, 붉은 실로 만든 말총 같거나, 두꺼비와 비슷하거나, 고슴도치와 비슷하거나, 쥐와 비슷하거나, 문드러진 면발과 같다"고 구체적으로 묘사했을 정도다. 물론 허준이 『동의보감』을 집필할 당시에는 아직 현미경이 발명되기 이전이었으므로 결핵균의 생김새는 물론이려니와 그 존재 자체를 알 길이 없었겠지만, 적어도 결핵을 일으키는 별개의 존재가 있으며 이것이 전염성을 가지고 있다는 사실만큼은 파악하고 있었다는 것이다.

서구의 근대 병리학에 대한 지식이 유입되는 19세기 후반 이후에는 이미

병원체로서의 세균에 대한 지식도 널리 퍼졌고, 결핵균을 발견한 코흐에 대해서도 다양한 지면을 통해서 대중들에게 소개된 상태였다. 물론 세균을 비롯한 미생물에 대한 대중 일반의 지식 수준이 지금과 비할 바는 아니었기에 그 이해 방식은 다소 단순하고 유치한 정도에 그치기는 했지만, 어찌되었든 결핵이 병원체로 인한 감염 때문에 발생하는 병이라는 지식은 1900년대에 접어든 시점에서는 이미 낯선 것이 아니었다.

"우리가 우리 눈으로 볼 수 없는 짐승들은 너무 적어 그저 눈으로는 보이지 않고 크게 돋보이는 현미경을 가져야 볼지라. 이 종류는 우리가 부르기를 난

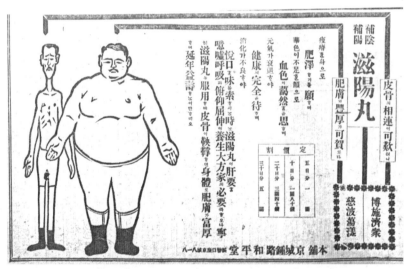

《매일신보》에 실린 자양강장제 광고. 당시 사람들에게 기력을 보충한다는 건 건강 유지에 중요한 일이었고, 그래서 약 중에서도 자양강장제 종류가 대중적으로 큰 인기를 끌었다.

견 생물이라 하는데 종류가 여러 백만 종류요 세계에 제일 만한 것이 이것이라 물 한 방울을 현미경으로 보거드면 그 속에 이런 생물이 몇 만 개가 있고 이 생물 까닭에 초목과 곡식이 자라며 이 생물 까닭에 사람이 병도 나며 대저 세계에 물론 무슨 병이던지 백병에 구십 구병은 이 생물 까닭에 병이 생기는 것이요 이 생물 까닭에 병이 전염이 되어 한 사람이 병을 앓거드면 그 생물이 그 사람에게서 떨어져서 다른 사람에게로 들어 가는 까닭에 병이 전염이 되는 것이라 대저 위선 흔한 병중에 이 생물 까닭에 전염되는 병들은 담병과 임질과 역질과 괴질과 염병과 운기와 부하 병과 부족증과 이질과 모든 학질과 기외 다른 병들도 생물을 인연 하여 전염이 되며…" -《독립신문》 1897년 7월 22일 자

눈으로 볼 수 없는 존재가 병을 일으킨다는 것, 그리고 이 '난견(難見: 맨눈으로는 보기 힘든) 생물'이 사람과 사람 사이에서 전파될 수 있다는 것은 1900년대의 신문이 힘을 쏟았던 위생 담론 내에서도 꽤나 중요하게 다루어졌던 지식이었다. 거꾸로 이야기하면 서구에서도 세균의 존재를 발견하고 이를 바탕으로 한 병리학을 확립한 것도 그다지 오래전의 일이 아니었다. 세균이 질병을 유발한다는 사실이 파스퇴르에 의해 발견되어 병리학의 대세로 정착된 것은 1870년대의 일이었으며, 임상의들이 이 지식을 의료 현장에 적용했던 건 그보다도 더 뒤의 일이었다.(프랭크 스노든, 356) 그런 점을 생각해 본다면 1900년대의 한국 내에서 세균과 질병의 관계를 바탕으로 위생 담론을 형성하고 대중 일반에게 전파하고자 했던 건 비교적 빠른 대응이었다고 할 법하다.

하지만 이런 노력에도 불구하고 결핵에 대한 일반의 인식은 특성한 병원

삼용대보원 광고. 사진을 돌린 것이 아니라 실제 이 상태로 광고가 나갔다. 이처럼 광고의 배열을 비틀어서 내는 것은 당시 광고로나 지면의 제약 내에서 광고 효과를 극대화하기 위한 방편 중 하나이기도 했다.

체에 의한 감염과 발병보다는 환자 자신의 생명력이 부족하여 발생한 병이라는 관념이 강했다. 사람에게는 저마다 주어진 일정한 생명력, 즉 '기(氣)'가 있어서 이를 사용하면서 살아가는데, 이러한 기가 허(虛)해진 결과로 걸리는 것이 결핵이라는 식이었다. 그래서 결핵균이 발견된 19세기 말 이후에도 여전히 대중 사이에서는 부족증, 기허증, 소모병과 같은 병명이 자주 사용되었고, 결핵을 이해하는 방식 또한 이런 명칭으로부터 크게 벗어나지 않았다.

당시 사람들에게 신체란 일종의 건전지와도 같은 존재여서 일정한 양의 에너지, 즉 '기'를 담고 있어야만 건강한 상태를 유지할 수 있는 것으로 이해되었던 듯하다. 이 그릇 속의 내용물인 기가 정량에 미치지 못하면, 즉 기가 허(虛)한 상태에 빠지면 병에 걸리게 된다는 식이었다. 여기에는 육체와 정신의 구분이 명확하지 않았다. 기허(氣虛)의 상태에 빠지면 몸이든 마음이든 병들기 쉬워진다는 것인데, 이것이 정신의 경우라면 신경쇠약이요, 육체의 경우라면 부족증이라는 식이었다. 물론 이러한 병명만이 존재했던 것이 아니요, 정력 부족이라든가 생리 불순, 불면증 등 다양한 정신적-육체적 불균형의 상태가 '기허'의 관점에서 설명되고는 했다.

그렇다면 기가 허해지는 상태는 어째서 오는가. 건전지가 왜 방전되는가를 생각해보면 쉽다. 건전지가 방전되는 건 그 안에 들어 있는 전기 에너지를 모두 소모했기 때문이다. 일회용 건전지라면 방전되는 순간 폐기하게 되겠지만, 만일 충전용 전지라면 별도의 충전 과정을 통해 전기 에너지를 보충해주면 된다. 기허(氣虛)에 대응하는 방식이 이러했다. 기가 부족하면 기를 보충해주면 된다. 어떻게? 기를 보충해주는 약을 복용하거나, 혹은 에너지의 소모를 최소화하는 생활 방식을 통해서 자연스럽게 기를 회복할 수 있게끔 유도하면 되는 일이었다.

1900년대의 신문 광고란에서 적잖은 비중을 차지하는 것은 바로 기를 보충해주는 약, 이른바 '자양강장제'였다. 1907년 8월에 《대한매일신보》에 연일 광고되었던 '방보익약수(邦補益藥水)'라는 약은 광고 문안상으로는 미국 사람 방보씨(邦補氏)가 발명한 것이며 세계 각국에서 그 효험이 입증되었기에 미국의 방보회사와 계약을 맺고 국내에 발매하는 것이라고 소개되었다. 이 약이 대응할 수 있는 질환으로 가장 먼저 제시된 것이 "부족증"과 "뇌점", 즉 결핵이었다.

이렇게 보면 결핵 치료제가 1900년대부터 수입되어 일반인들에게 소개된 것일까 생각하기 쉽지만, 저 뒤에 제시되는 질환 목록을 보면 그렇지도 않다. 이 '방보씨의 이로운 약수'가 효험을 주는 질환은 비단 결핵뿐만이 아니라 불면증, 허한증(虛寒症), 각종 허약증 등은 물론이고 설사나 이질(痢疾)과 같은 병명까지 등장하기 때문이다. 쉽게 말해서 만병통치약이라는 뜻이다. 그리고 이런 만병통치의 논리로 제시되는 게 부족한 기를 보충해준다는 것, 즉 자양강장을 통해 건강한 상태를 회복/유지한다는 기전이었다.

이런 점은 앞서 언급한 신경쇠약과의 관계에서도 확인된다. 신경쇠약에 효과가 있는 약으로 광고되던 삼용대보원(蔘茸大補元)이나 장양복원단(壯陽復元丹) 등은 이미 그 이름이나 재료에서도 유추할 수 있듯이 허전해진 기력을 보충한다는 기전에 충실했다. 인삼과 녹용[蔘茸]으로 원기를 보충[補元]한다든지, 양기를 북돋아주는[壯陽] 당시의 약들이란 오늘날 우리가 생각하는 특정 질병이나 증상에 대응하는 약과는 사뭇 성격이 다른 것들이었다. 당장 위의 두 약들만 해도 신경쇠약뿐만이 아니라 선천적인 허약증, 성관계 시의 조루증, 손발의 냉증 등에도 효험이 있다고 광고할 정도였다. 아니, 특정한 질환이나 증상들에 대해 효과가 있다기보다는 사람들이 흔히 느낄 법한 무기력증과 연관되는 대부분의 증상들에 대처 가능한 의약품으로 광고되었다고 하는 편이 정확하겠다.

어찌 보면 이는 당시 질병을 이해하던 방식과도 관계가 있는 문제이기도 했다. 당시 사람들에게는 부족증인지 신경쇠약인지 화병인지 하는 병명 자체가 중요한 것은 아니었다. 인간이 마땅히 가지고 있어야 할 기운이 정량을 유지하지 못하고 허약한 상태에 빠지면 병들게 된다는 것이 당시 일반에게 통용되던 질병관이었다. 이런 질병관 내에서 불면증이나 신경쇠약, 생리불순, 조루증, 만성피로 등은 동일한 원인을 뿌리에 둔 각기 다른 '증상'에 해당했다. 결핵 또한 그 연장선상에 있었다. 때로는 이질이나 장질부사와 같은 다른 감염병이 이 맥락 내에 편입되기도 했는데, 감염병에 걸린다는 것역시 신체의 에너지가 과부족한 상태에 놓인 결과로 외부의 나쁜 기운에게침습당할 가능성이 높아지는 것이라고 이해되었던 까닭이다. 다만 이런 종류의 감염병은 특정 지역을 중심으로 단시간 내에 급격하게 퍼진다는 외형적 특징이 뚜렷했던 까닭에 '기를 보충해서 질병을 막는다'는 관점에는 크게 부합되지 않았다. 세균의 존재를 알지 못했던 조선시대에서조차도 이러한 유행성 감염병들은 역(疫)이라고 따로 구별하고 있었으니 말이다.

반면 결핵은 콜레라나 장티푸스와 달리 완만하게 진행되는 병이었고, 설사나 구토와 같은 가시적인 급성 증상도 없었다. 오랜 시간에 걸쳐서 신체가점점 쇠약해져 간다는 징후만 포착될 뿐이었고, 가시적인 증상은 가슴의 통증이나 발작적인 기침, 혹은 각혈(喀血)과 같은 기관지에 나타나는 징후들이었다. 그런데 이런 징후는 비단 결핵의 경우에만 나타나는 것도 아니었다.

예술적 감수성과 식민지 지식인의 고뇌가 얽힌 병, 결핵

결핵은 어째서인지 예술가의 병인 것처럼 여겨졌다. 앞에서도 보았지만결핵은 결핵균에 감염되어 발생하는 감염병이다. 결핵에 감염된 환자가 말

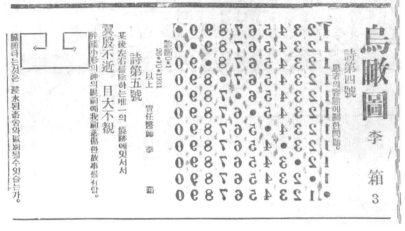

《조선중앙일보》에 게재된 이상의 「오감도」. 이러한 천재성과 예술적 감수성은 결핵과 긴밀한 것으로 이해되기도 했다. 이상 역시 결핵으로 인해 사망한 바 있다.

을 하거나 기침, 재채기 등을 할 때 침방울 등에 섞여서 배출된 결핵균이 주변의 다른 사람이 숨을 쉴 때 호흡기로 들어가는 과정을 통해서 전염되고, 이렇게 체내로 들어온 후에는 일정한 확률로 감염을 일으켜 결핵을 유발하게 된다. 당연한 이야기지만 이러한 과정에서 결핵균이 감염된 사람의 직업이나 성향을 구별할 리가 없다. 지금으로 치자면 예술을 하는 사람들이 코로나19 확진자가 될 확률이 높다는 이야기와 비슷할 텐데, 이렇게 말하면 대부분의 사람들은 코웃음을 칠 것이다.

하지만 결핵에 대해서만큼은 이런 해석이 통용되었다. 1세기 전이니까, 라고 생각하기 쉽지만 이때에도 감염병에 대한 지식은 있었다. 콜레라나 페스트 같은 감염병들이 나쁜 기운이나 귀신 때문에 발생하는 것이 아니라 병원체인 미세생물에게 감염됨으로써 발생한다는 것도 알았다. 물론 일반인들 사이에서는 여전히 종두를 거부하고 굿을 통해 천연두를 이겨내려는 경우도 있었지만, 적어도 위에서 언급한 최남선이나 이광수 같은 지식인 계층이라면 그럴 일은 없었다. 그럼에도 결핵에 대한 이해는 결핵과 관련된 의학 지식으로 쉽게 갱신되지 않았다.

왜 그랬을까. 앞서 이야기한 '부족증'의 이야기와 관계가 깊을 것이다. 예술가는 보통 사람들에 비해 많은 에너지를 소모하는 존재다. 물론 어느 직역에 종사하는 사람이고 간에 일정한 양의 에너지를 쓰면서 노동을 하는 것이겠지만, 예술가는 그러한 직역의 범주를 넘어서 남다른 감수성의 소유자로서 자신의 에너지를 소모하여 예술적 성취를 이룩한다. 이러한 예술가의 속성은 단기간 내에 극심한 에너지 소모를 유발하게 되므로, 부족증 또한 예술가에게서 자주 나타날 수밖에 없다는 것이다.

사실 이런 이해는 비단 한국에서만 통용되었던 건 아니다. 이미 19세기 중엽부터 서구에서는 결핵을 정념의 질병이라고 여기는 시각이 팽배했다. 결핵 환자는 육체의 소모를 불러일으키는 열정으로 인해 '소모되는' 존재였다.(수잔 손탁, 36) 특히 결핵 환자의 외모로 인식되고는 했던 창백하고 가냘픈 얼굴과 이에 대비되는 붉은 입술의 이미지는 종종 예술가의 그것으로 치환되기도 했다. 말하자면 결핵을 앓는다는 것은 벗어나야 할 굴레라기보다는 자랑스럽게 여겨도 좋을 훈장과도 같은 것이었다.

다른 한편으로는 세균설 이전의 서구 의학 역시 결핵에 대한 비슷한 오해를 부추기기도 했다. 청진기를 통한 진단법을 발명한 것으로 유명한 프랑스의 의학자 르네 라에네크(René Laennec)가 대표적인 사례다. 라에네크는 결핵이 유전성이며 몸의 '체질'이 원인이 된다고 주장했다. 특히 인체의 동물 에너지를 떨어뜨리는 감정적 충격과 비통, 희망의 좌절, 종교적 광분, 짝사랑 등 '슬픔에 찬 격정'이 결핵을 유발한다고 보았다.(프랭크 스노든, 445) 라네에크가 19세기 초중반 무렵 활동했던 의학자였던 점을 생각한다면, 이런 관점은 예술가의 정념과 결핵을 밀접하게 연결지었던 서구 낭만주의의 시각에도 적잖은 영향을 끼쳤으리라고 생각해 볼 수 있겠다.

이러한 서구 낭만주의의 영향이 일본을 거쳐 한국에까지 미친 결과가 소모병 혹은 부족증으로서의 결핵에 대한 이해라고 정리할 수 있을지도 모른다. 하지만 이는 다소 섣부른 결론이다. 앞에서도 말했지만 건강에 대한 당시 한국 사회의 일반적인 이해 방식 속에서도 결핵은 소모병의 특성과 적잖이 연결되어 있었고, 이러한 기존의 맥락 위에 서구 낭만주의의 접근법이 더해지면서 결핵을 기허(氣虛)의 결과물로 여겼던 종래의 질병관이 확대 재생산되는 현상으로 이어졌다고 보는 편이 더 정확할 것이다.

사실 한국에서는 서구나 일본과는 다른 한 가지 중요한 차이점도 있었다. 서구 낭만주의 사조에서 비롯된 결핵의 이미지가 예술가 개인의 정념에 부착된 것이었다면, 한국에서의 결핵은 여기에 지식인으로서의 책임감이 추가되었다. 예술가의 예민한 감수성뿐만이 아니라 지식인으로서 자신이 속한 사회를 걱정하고 그 앞날을 예비하려는 태도가 결핵을 유발한다는 것이었다. 앞에서 본 이광수가 대표적인 사례라고 보았다. 최남선이 이광수의 결핵 소식을 전하면서 강조했던 감정이 '울분'이었다는 걸 떠올려보자. 세상을 위해서 살아가지만 정작 그 세상으로부터 인정받을 수 없는 천재 지식인의 정체성이 결핵이라는 형태로 표면화된 것으로 본 셈이다.

비슷한 사고는 당대의 소설 속에서도 나타난다. 우리에게는 「화수분」의 작가로 잘 알려져 있는 전영택(田榮澤)이 1920년 『현대』라는 잡지에 소설을 한 편 게재했다. 『현대』는 기독교 계열의 잡지로 동경기독교청년회의 기관지였던 『기독청년』를 계승하여 출간된 잡지이다. 전영택은 소설가임과 동시에 목회자이기도 했기에 『현대』와 같은 기독교 계열 잡지에 여러 편의 글을 실은 바 있다. 그중 『현대』 6호에 게재한 「피」라는 소설이 있었다.

이 소설의 주인공인 '안중호'라는 사람은 세브란스 병원에 입원한 환자다. 밤마다 불면증에 시달리고, 간호사로부터 책을 너무 오래 보지 말라는 권고도 듣는다. 하지만 이런 지시를 잘 따르지 않는다. 작가는 이 안중호라는 사람에 대해 설명하기를, 마음만 먹으면 언제든지 한 자리 차지할 수 있지만 오로지 남을 위한 마음 하나로 살아가기에 늘상 몸과 마음을 피곤하게 만들고 있노라고 했다. 문제는 이런 이타심과 수고로움을 세상 사람들이 알아주지 않기에 고독함 속에서 살다가 결국 병까지 얻게 되었다는 것이다. 안중호는 3·1운동 이후에도 혼자 《동양공보》라는 신문을 만들어서 발간 작업에 몰두하다가 "갑자기 정신이 아득해지면서 입으로 피를 토"하고 쓰러지는 지경에 이른다. 남을 위해 자신도 돌보지 않고 살아가지만 이를 알아주지 않는 고독감 속에서 결국 병을 얻게 된다는 전형적인 서사 속에서 하필이면 도달하는 지점은 폐병, 즉 결핵이었던 것이다.

이런 상상력은 꽤 폭넓게 적용되었던 듯하다. 당시 일본에서 유학 중이던 조선인 학생들의 모임인 '학우회(學友會)'에서는 기관지로 『학지광』이라는 잡지를 발간했는데, 여기에 실린 「C 형님께」라는 소설에서도 비슷한 이야기가 나온다. 편지글의 형태를 취한 이 소설에서는 친구인 P의 죽음을 언급하는데, 이 P는 원래 남다른 포부를 가지고 학업에 몰두하던 전도유망한 청년으로 묘사된다. 그런데 이 P가 걸린 병이 바로 Consumption Disease, 즉 '소모병'이다. 자신의 포부를 실현하기 위해 남다른 열정으로 에너지를 소모한 결과 결핵에 이르게 되었다는 것이다.

　결핵에게 부여된 이와 같은 이미지는 사실 상당 부분은 신경쇠약과도 통하는 것이었다. 남들과는 다른, '독보적인' 감수성과 포부를 품고서 세상을 상대하는 고독함의 감각은 종종 지식인들의 신경쇠약증으로 연결되고는 했다. 사실 앞서 말했던 최남선부터도 『소년』이라는 잡지에서 "나는 작년 여름부터 신경쇠약이라는 병을 앓고 있다"고 고백하기도 했는데, 이 과정에서 언급한 증상과 발병 원인은 상당 부분 이광수의 결핵 소식을 전하면서 서술했던 내용과 일치하고 있었다.

　"내가 나에 대해서 생각해 보든지, 의원이 나에게 권하는 말을 듣든지, 한 달이고 두 달이고 산 좋고 물 맑고 숲이 우거진 곳에 가서 글을 읽어도 비분강개한 뜻을 담은 글은 읽지 말며, 글을 지어도 되지 못하게 시대와 세상을 걱정하는 글은 짓지 말며, 친구를 만나도 또한 그런 부류의 친구는 상종하지 말고 뜰에 난 풀이나 연못 속의 고기처럼 천지간의 생의나 보면서 속 편하고 가슴 유하게 지냈으면 아무리 거머리 같은 병마라도 쫓아내기 전에 갈 줄을 알지

만…." - 최남선, 「집필인의 문장」, 『소년』 2권 2호

결핵과 신경쇠약은 전혀 다른 병이다. 굳이 의학적인 관점에서 설명하지 않더라도, 감염병과 정신질환을 동일한 병이라고 생각하는 사람은 없을 것이다. 하물며 그 원인이나 증상이 같을 리도 없다. 그러나 20세기 초의 시대적 맥락 속에서 결핵과 신경쇠약은 같은 뿌리를 둔 유사한 병이었다. 과도한 신체 에너지의 사용이 병을 낳는다는 당대의 질병관은 자연스럽게 결핵의 소모적인 속성과 연결되었고, 이러한 특성은 다시 신경쇠약과도 연결고리를 마련할 수 있었다.

어쩌면 이러한 연결고리는 이보다도 더 오랜 전통 속에서 마련되어 온 것인지도 모른다. 우리가 흔히 '화병'이라고 이야기하는 전통적 질환의 존재는 소위 "피를 토한다"라고 표현되는 울화의 신체적 발현 양상을 동반하곤 했다.(박성호·최성민, 95쪽) 화병을 유발하는 원인이 억눌린 감정이라고 한다면, 대한제국으로부터 일제 치하에 이르는 격동의 시기를 살아가는 지식인의 억눌린 감각이 화병과 유사한 증상을 나타내게 만든다고 해도 크게 이상하지는 않을 것이다. 남들과 다른 감각과 지식으로 시대를 위해 헌신하고자 하지만 그런 자신의 포부를 알아주지 않는 세상에 대한 억울함의 감정, 혹은 그런 고립 속에서도 여전히 자신의 포부를 실현하기 위해 애쓰는 자기소모적 행위는 손쉽게 병으로 이어질 수 있는 것이었고, 그 끄트머리에 숙명처럼 놓인 것이 바로 신경쇠약이고 결핵이었다. 어찌보면 결핵과 신경쇠약은 '근대화된 화병'으로서 이해되었던 것인지도 모른다.

우리는 무엇을 앓았는가?

—코로나19의 다양한 모습들

장하원

장하원_ 서울대학교 BK21 4단계 대학원혁신사업단 BK조교수. 前 경희대학교 인문학연구원
HK+통합의료인문학연구단 HK연구교수. 서울대학교 생물자원공학부 졸업 후 과학사
및 과학철학 협동과정에서 과학기술학으로 박사학위를 받았다.
공저로『21세기 교양 과학기술과 사회』(2016, 나무나무),『코로나19 데카메론2』(2021, 모시는
사람들),『겸손한 목격자들』(2021, 에디토리얼) 등이 있다.

질병 X의 시대

중국 우한 지역에서 국소적으로 발생하던 코로나19가 점점 더 많은 국가들로 퍼져나가며 그에 대한 공포가 고조되던 시기, 이 감염병이 '질병 X(disease X)'가 아니냐는 추측이 등장했다. 질병 X라는 명칭은 세계보건기구(WHO)가 2018년 2월에 발표한 '추후 세계 대유행을 일으킬 바이러스 여덟 가지' 목록의 맨 마지막에 제시된 것으로, 이 목록에는 이미 세계를 떨게 만든 두 종류의 코로나 바이러스인 중증급성호흡기증후군(사스) 바이러스와 중동호흡기증후군(메르스) 바이러스와 에볼라 바이러스, 지카 바이러스 등이 포함되어 있었다. 다른 바이러스로 인한 질환과 달리, 질병 X는 이미 바이러스가 특정된 질환이 아니라 아직 등장하지 않은 신종 바이러스 전염병을 의미하는 것으로, 미지의 질병이라는 의미에서 그렇게 이름이 붙여졌다. 이러한 질병 X를 목록에 추가함으로써, 세계보건기구는 현재 사람에게 질병을 초래하지 않는 병원균이 이후 돌연변이를 일으켜 기존의 백신이나 치료제가 듣지 않는 변종으로 진화하여 새로운 전염병이 유행할 수 있다는 점을 알리고 그에 대비하려 한 것이다.

코로나19가 질병 X로 예측된 새로운 감염병이라는 주장은 코로나19 사태 초기 미지의 질병에 대한 불안감과 공포로 인한 것인 동시에, 이를 어떻게든 이해하고 규정하고 해결하려는 노력을 반영한 것이기도 하다. 신종 바이러스로 인한 새로운 감염병에 대해 아직 많은 것들이 밝혀지지 않은 상태에서 이것이 세계 각국으로 빠르게 전파되자, 미지의 질병에 대응하는 각지의 대처 속에서 다양한 코로나의 상이 만들어졌다. 코로나19 사태 초기에는 신종 질환에 대한 공포와 불안이 지배적인 감정이었다면, 사태가 장기화될수록 무력감과 좌절감, 상실감, 우울감이 커져갔다. 이에 더해, 많은 지역에서 새로운 감염병은 낙인과 차별을 만들어냈고, 불신과 고립감이 만연하는가 하면 한편에서는 신뢰와 협력, 상생과 돌봄의 가치가 그 어느 때보다 강조되었다. 이 글에서는 코로나19 팬데믹 가운데, 우리는 언제, 어디서, 무엇을, 어떻게 앓았는지 따라가 보면서, 코로나19의 다양한 모습을 살펴볼 것이다.

과학이 밝혀낸 코로나19

과학의 영역에서 코로나19는 새로운 바이러스로 인해 생겨난 신종 호흡기 질환이다. 중국 후베이성의 우한 지역에서 처음 발견되었을 때 코로나19는 원인을 알 수 없는 호흡기 전염병으로 인식되었으나, WHO는 2020년 1월 9일 새로운 유형의 코로나 바이러스에 의한 것임을 밝혔다. 코로나 바이러스는 아데노 바이러스, 리노 바이러스와 함께 감기를 일으키는 3대 바이러스로, 이번 사태가 벌어지기 전까지 사람에게 감염을 일으키는 코로나 바

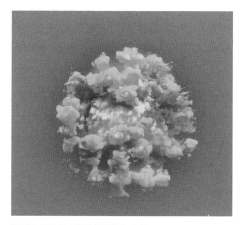

전자현미경으로 관찰한 SARC-CoV-19
출처: Nanographics(https://nanographics.at/projects/coronavirus-3d/)

이러스로 이미 여섯 가지가 알려져 있었다. 그중 네 종류는 감기를 일으키는 4개의 변종이고, 거기에 더해 폐렴을 일으키는 두 개의 변종이 바로 사스(SARS)와 메르스(MERS)를 일으키는 바이러스들이다. 이번에 등장한 새로운 코로나 바이러스는 사스를 일으키는 코로나 바이러스(SARS-CoV)와의 유전적 일치율이 79.5%로 높게 나타나, 2020년 2월 11일 국제바이러스분류위원회에 의해서 SARS-CoV-2라고 이름 붙여졌다. 바이러스를 연구하는 과학자들에게 코로나19는 바로 이 특정한 코로나 바이러스로 인한 호흡기 질환이라고 할 수 있다.

코로나19의 공식적인 명칭은 과학이 밝혀낸 여러 가지 사실들을 종합하여 지어졌다. 코로나 바이러스를 전자 현미경으로 관찰하면 원형의 표면에 수십 개의 돌기가 있는데, 이 모습 때문에 왕관을 의미하는 라틴어인 코로나(corona)로부터 이름이 만들어졌다. WHO에서는 코로나(Corona)의 CO, 바이러스(Virus)의 VI, 질환(Disease)의 D를 합성한 뒤 이 질환이 처음 발견된 연도인 2019년의 '19'를 붙여 COVID-19라고 부른다. 국문 명칭은 코로나바이러스 감염증-19로, 줄여서 코로나19라고 부른다. 코로나19는 처음 발견된 이래로 계속해서 전 세계로 확산되어, 2020년 3월에 WHO에 의해 범지구적으로 감염병이 유행하는 비상 상황인 팬데믹으로 선포되었다.

그간 코로나19의 특성도 활발히 밝혀졌다. SARS-CoV-2 바이러스는 세포 친화력이 강해서 폐의 하부 대신 구강이나 인후, 기관지 상부와 같은 상부 호흡 기관에서도 쉽게 증식되고, 작은 기침으로도 몸 밖으로 쉽게 바이러스가 배출된다. 감염자에게서 배출된 바이러스가 다른 사람의 호흡기나 눈, 코, 입의 점막으로 침투하면 전염이 일어나고, 2~14일의 잠복기를 거친 뒤 발열이나 기침 등의 호흡기 증상이 나타난다. 또한 코로나19의 경우 감염 초기에 아주 많은 양의 바이러스가 배출되는데, 바이러스의 농도는 일반적으로 감염 뒤 4일째에 정점에 올랐다가 5일 뒤부터 감소하고 10일쯤 지나면 감염력이 사라진다고 한다. 이에 더해, 증상이 없는 감염자가 다른 사람을 감염시킬 수 있는지 여부가 수개월간 논란이 되었다. 병원체가 숙주에 감염을 일으킨 뒤 일정 시간이 지나야 기침 등과 같은 증상이 발생하는데, 이러한 증상이 나타나기 전인 잠복기에도 감염된 사람의 조직이나 체액에 감염을 일으킬 수 있는 충분한 양의 바이러스가 있는지, 그것이 감염으로 이어질 수 있는지 학자들마다 의견이 달리 나타난 것이다. 초기에는 무증상 감염의 가능성이 낮게 평가되었고 이때문에 증상이 있는 환자들에게만 마스

크가 권고되었다. 이후 무증상 감염이 가능하다는 점이 점점 확실시되면서 일반인들에게도 그들이 무증상 감염자일 때를 대비하여 마스크 착용이 권장되는 등 방역 정책 또한 변화하게 되었다(기모란, 2020).

과학이 밝혀낸 코로나19의 특성들은 당연히 방역의 방향을 결정하는 데 중요하게 영향을 미친다. 코로나19는 매우 전염력이 높은 데다가 감염이 시작된 지 얼마 지나지 않아 많은 양의 바이러스가 배출되기 때문에, 감염 초기에 환자를 격리하는 것이 방역의 성공을 좌우한다. 이에 대다수의 국가들에서 사태 초기에는 국민들에게 호흡기 질환에 대한 기본적인 방역 수칙을 지키도록 하는 한편, 감염자를 가능한 한 빨리 찾아내어 격리하기 위해 갖가지 노력을 했다. 많은 국가들에서 우한 지역을 비롯하여 중국의 여러 지역과 이후의 감염 확산 지역으로부터 인구가 유입되는 것을 막거나 감시하였고, 자국의 감염자들을 추적하고 격리하는 데 힘썼다. 우리나라에서는 매우 초기부터 검사(Test), 역학·추적(Trace), 격리·치료(Treat)로 이어지는 소위 3T를 K-방역의 모델로 삼아, 감염자와 감염이 의심되는 사람들을 발빠르게 추적, 관리하는 방식을 택했고, 이 가운데 초기 감염자의 동선을 적극적으로 공개하기도 했다. 한편, 감염이 무분별하게 확산되자 많은 국가들에서 강도 높은 사회적 거리두기와 봉쇄 정책이 시행되면서 사회 생활이 제한되었다. 그러나 이러한 노력들에도 불구하고 비약물적 조치로 코로나19의 감염 확산을 효과적으로 막기가 어려워짐에 따라, 현재는 대다수의 국가들에서 백신 접종의 속도와 비율을 높이기 위해 박차를 가하고 있다.

인수공통감염병으로서의 코로나19

과학의 영역에서 코로나19는 SARS-CoV-2라고 명명된 바이러스로 인한 것이지만, 사실 이 질병을 유발한 또 다른 원인들이 있다. 질병은 의학적인 탐구와 관리를 필요로 하는 생물학적이고 보건의료적인 사건인 동시에 사회적인 현상이기 때문이다. 이번 팬데믹을 거치며 코로나19는 '인수공통감염병'이라는 점이 부각되었으며, 이 용어는 바이러스뿐 아니라 코로나19라는 대상에 얽혀 있는 사회적, 정치적, 경제적 맥락을 드러낸다(김창엽, 2020; 정석찬, 2020).

코로나19는 인수공통감염병으로, 동물이 자연 숙주인 병원체가 인간에게 전파되어 감염을 일으켜서 생겨난 감염병이다. 지금까지 알려진 바로는 이번에 사람에게 감염을 일으킨 바이러스는 박쥐로부터 시작되어 천산갑을 거쳐 사람에게 옮겨진 것이다. 박쥐는 포유류보다 훨씬 많은 종류의 코로나 바이러스를 보유하고 있으며, 이렇게 다양한 코로나 바이러스와 함께 진화해 왔기 때문에 이러한 종류의 바이러스가 박쥐에게 특별한 해를 입히지는 않는다. 또한, 박쥐가 보유하고 있는 코로나 바이러스의 대부분은 사람에게 감염되지 않는 것으로 알려져 있다. 그러나 이 중 하나의 변이가 이번에 종간 장벽을 넘어 전파되면서 인간에게 호흡기 질환을 일으키고, 이것이 전 세계로 확산되어 팬데믹으로 발전한 것이다.

이처럼 특정한 감염병이 발생하는 과정에서 다른 동물과 사람 간 접촉, 사람과 사람 간 접촉이 필수적이라는 점에서, 감염병은 생물학적인 것인 동시에 '사회적인' 것이다(김창엽, 2020). 즉, 인간이 다른 생명체와 관계를 맺는 양식이 감염의 발생 여부와 확산의 정도에 절대적인 영향을 미치는 것이다. 우선 코로나19는 사람이 박쥐와 맺는 관계가 변화하는 가운데 인간과 동물이 함께 공유하는 감염병으로서 발생한 것이다. 최근으로 올수록 사스, 메르스, 신종인플루엔자A, 그리고 이번 코로나19까지 신종 감염병이 계속해서 증가하는 현상에 주목한 많은 학자들은, 이러한 신종 질병이 인간에 의한 자연 파괴에 기인한다고 주장한다. 무분별하게 경지가 개발되고 산림이 파괴되는 가운데 그전에는 동선이 겹치지 않았던 인간과 야생의 동물이 접촉하는 빈도가 급격히 증가하면서, 동물에게는 문제가 되지 않았던 바이러스가 인간에게 전이되면서 신종 질병을 일으키게 된다는 것이다. 이러한 맥락을 강조하기 위해, 코로나19를 비롯한 몇몇 신종 감염병은 '기후변화 감염병'이라고 일컬어지기도 한다(김창엽, 2020; 정석찬, 2020).

또 몇몇 학자들은 코로나19와 같은 감염병을 신자유주의 체제의 결과물이라고 본다. 서아프리카 지역에서 간헐적으로 발병하고 있는 에볼라가 대표적인 예인데, 밀림이 없어질수록 그곳에서 살아가던 야생 동물과 인간의 접촉이 빈번해지면서 바이러스가 새로운 환경 조건에서 인간에게 전파될 수 있는 형태로 변화하여 인간에게 치명적인 감염병을 일으켰다고 볼 수 있다. 이처럼 열대 우림이 자꾸 잠식되는 현상은 특정한 개인이나 기업의 이해관계를 넘어서는 구조적인 요인으로 인한 것인데, 예컨대 밀림을 태우고 바이오 연료 생산용 작물을 재배할 수 있는 경지로 변화시키는 행위는 전 세계에서 에너지를 생산하고 소비하는 구조와 연결되어 있다. 또한, 감염병이 국소적인 지역의 풍토병에서 전 세계적으로 유행하는 팬데믹으로 만들어지는 과정은, 그간 국가 간 교역과 인구의 이동이 급격히 증가해 왔다는 사실을 빼놓고는 설명할 수가 없다. 중국의 우한 지역은 중국 내에서 교통과 교육의 중심지이며, 세계적으로도 중요한 산업 생산 기지이기도 하다. 이렇게 도시화된 장소에서 특정한 감염병이 유행한다면, 그것에 대해 제대로 인지하고 검역을 시작하기도 전에 이미 다른 지역으로 확산될 가능성이 높다. 또한 세계화된 경제 체제하에, 신종 감염병이 발생한 지역이라고 해서 방역을 위해 완전히 봉쇄를 하거나 교류를 끊는 것은 굉장히 어려워졌다. 결국 거슬러 올라가면 전 지구적 차원에서 작동하는 자본주의 체제로 인해 신종 감염병이 점점 더 자주 발생하고 팬데믹으로 확산될 가능성이 커졌다고 볼 수 있다(김창엽, 2020).

불평등한 위험으로서의 코로나19

이처럼 코로나19는 일곱 번째로 밝혀진 코로나 바이러스의 한 종류로 인한 감염병이자 경제적, 사회적 조건들이 얽히며 만들어진 팬데믹으로, 새로운 질병이자 그에 대한 위험(risk)으로 엄습해온다. 코로나19 팬데믹이라는 예외적인 상황 속에서 대다수의 사람들은 거의 트라우마에 가까운 심리적 충격을 경험하게 된다. 코로나 시대에 우리는 새로운 바이러스에 감염되는 것을 걱정하고, 초기에는 특히 그 예후를 예측할 수 없기에 굉장한 불안과 공포를 느꼈다. 또한 코로나19로 인해 사람들의 고통과 죽음을 목격하면서 상실감을 겪게 되고, 어떤 사회에서는 코로나19에 감염되었던 사람에 대한 낙인과 차별이 만연한다. 이에 더해, 코로나19가 계속될수록 무력감과 좌절감을 강하게 느끼게 되고, 감염병이 확산되는 상황에서 다른 사람들에 대한 불신이나 고립감을 느끼기도 한다. 한편으로는 코로나19의 방역에 힘쓰는 사람들에게 고마움을 느끼고, 사회구성원으로서 결속력을 갖게 되기도 한다(심민영, 2020). 코로나19라는 것은 이렇게 다양한 감정들을 강렬하게 경험하는 사건 자체이기도 하다.

그런데 이러한 감정들, 특히 코로나19라는 위험에 대한 개개인의 인식은 서로 달라진다. 일반적으로 전문가들은 위험을 인식할 때 그것이 발생할 가능성과 피해의 정도를 고려한다. 즉, 이들에게 위험은 확률적인 수치로 계산되는 값으로, 실험과 확률, 통계에 기초한다. 따라서 위험을 낮추는 방안은 주로 피해가 발생할 확률을 이해하고 이를 저감시키는 기술적 체계를 구축하거나 피해의 강도를 완화하는 방향으로 제시된다. 이렇게 계산된 확률로서의 위험이 일반인들의 사고와 행동에 중요한 영향을 미치기는 하지만, 일반인들의 위험 인식은 좀 더 총체적이라고 할 수 있다. 주관적인 차원에서 인식되는 위험에 영향을 미치는 요소는 다양하지만, 특히 코로나19와 관련해서 주목할 만한 요인은 미지의 정도, 결과의 끔찍성, 자발성, 통제 가능성, 후속 세대에 미치는 영향 등이라고 할 수 있다(홍성욱, 2016). 같은 종류의 바이러스로 인해 발생하는 동일한 명칭의 질병 앞에서도, 개개인은 그것의 위험에 대해 달리 경험하게 되는 것이다.

코로나19는 특히 시간의 흐름에 따라 그와 관련된 정보의 내용뿐 아니라 정보의 양 자체가 달랐기 때문에 상당히 다르게 인식되었을 것이다. 코로나19는 유행 초기부터 치명률이 그리 높지 않다는 사실이 알려져 있었으나, 그러한 사실이 우리 사회에서 대중의 불안과 공포를 대폭 낮추지는 못했다. 2020년 초 마스크 대란은 그만큼 코로나19에 대한 개개인의 불안과 공포가 강했다는 점을 보여준다. 당시 코로나19의 전염 경로나 전염력, 예방법이나 치료법 등 새로운 질병에 대해 확실히 알려진 것은 별로 없는 상태에서 확신자의 수와 동선이 시시각각 공개되면서 코로나19에 대한 개개인의 위험 인식은 정점을 찍었다. 그러나 시간이 지날수록 코로나19를 사회적, 개인적 위기로 느끼는 사람들은 점점 줄어든다. 서울대학교 보건대학원의 유명순 교수 연구팀에 의하면, 2차 대유행 시점이던 2020년 8월에는 한국 사회를 위기 방향으로 보는 입장이 83.7%로 나타났으며, 6개월이 지난 시점에 다시 조사한 결과 17.4%가 감소한 66.3%가 사회적으로 위기 상황이라고 인식하고 있었다. 또 개인적인 차원에서도 코로나19를 위기로 느끼는 정도가 다소 줄어드는 경향을 보였다.* 코로나19에 대해 많은 것들이 알려지고 불확실성이 점점 줄어들면서, 개개인이 인식하는 코로나19의 위험성이 점점 줄어들었다고 볼 수 있다. 하지만 시간이 지날수록 코로나19가 장기화되면서 경제적, 정서적 문제들은 점점 심화되었다.**

---

* "'코로나로 한국사회 위기'인식…83.7%→66.3%로 6개월새 17.4%↓ "《동아사이언스》(2021.3.8) (https://www.dongascience.com/news.php?idx=44546)
** "'코로나 스트레스' 10명중 7명…자영업자 가장 높아"《중앙일보》(2021.2.1)(https://www.joongang.co.kr/article/23983080#home)

더 중요한 것은 코로나19 위험에 대한 인식이 개개인이 처한 상황에 따라 달라진다는 점이다. 코로나19에 대해 점점 더 많은 양의 지식과 정보가 쌓여갈수록 질병 자체에 대한 불확실성은 줄어들지만, 일상을 되찾을 수 있는지, 언제, 어느 정도로 이전의 삶으로 복귀할 수 있는지에 대한 불안감은 여전히 남는다. 어쩌면 이러한 미래에 대한 불안감과 그것을 유발하는 현재의 불안정한 상황이 코로나19라는 질병에 감염되는 것 자체에 대한 불안감보다 더 지배적인 감정일 수도 있다. 또한, 미래의 불확실성에 대한 불안과 위기 의식은 현재 처해 있는 삶의 조건에 따라 다르게 감각된다. 미국 캘리포니아대학의 로버트 라이시 교수는 코로나19로 인해 미국 사회에 4개의 계급이 출현했다고 지적한다. 첫 번째 계급은 원격 근무가 가능한 노동자로, 전문, 관리, 기술 인력으로서 원격 근무를 통해 코로나19 이전과 거의 동일한 임금을 받으며 생활할 수 있는 노동자들을 말한다. 두 번째 계급은 필수적 일을 해내는 노동자로, 의료 인력, 위생 관련 노동자, 음식 공급이나 유통 관련 인력 등 위기 상황에서 꼭 필요한 일을 하는 노동자들이다. 이들은 일자리는 잃지 않았지만 코로나19 감염 위험 부담을 감수해야 한다. 세 번째 계급은 임금을 받지 못한 노동자로, 코로나19로 인해 직장을 잃은 사람들이다. 네 번째 계급은 잊혀진 노동자로, 감옥이나 이민자 수용소, 노숙인 시설 등 물리적 거리두기가 불가능한 공간에서 머무르는 사람들이다.* 이처럼 코

---

* "코로나 시대의 4계급…당신은 어디에 있나", 《경향신문》(2020.4.27)(https://m.khan.co.kr/view.html?art_id=202004271033001)

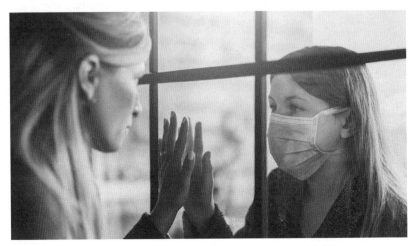

코로나19라는 신종 질병의 위험은 다양한 감정들을 발생시키며, 개개인에게 다르게 경험된다.

로나19를 각자 다른 위치에서 겪는 사람들에게 코로나19의 감염 위험은 불평등하게 배분되며, 그로 인해 닥칠 미래 역시 다르게 경험되고 있을 것이다(우석균, 2020).

사회적 낙인으로서의 코로나19

코로나19 사태 초기부터 배제와 혐오는 중심적인 문제였다. 우선 중국의 우한 지역이 전염병의 발원지로 알려지면서, 중국인들과 그들의 문화에 대한 혐오가 끊이지 않았다. 세계 곳곳에서는 동양인에 대한 차별과 폭력 사건이 발생했고, 박쥐를 먹는 식습관이 신종 전염병을 불러왔다는 비난이 제기되었다. 세계 각국에서 중국으로부터의 입국을 막는 금지 조치가 취해졌으며, 한국에서는 그러한 조치가 실행되지는 않았지만 중국 국적의 사람들에 대한 반감이 그 어느 때보다 높아졌다. 초기에는 이러한 비난과 혐오가 반영된 '우한 폐렴'이라는 용어가 빈번히 사용되었다. 2015년 이후 세계보건기구는 지리적 위치로 병명을 지칭하지 말 것을 권유했으며 이로써 이번 신종 감염병은 COVID-19 또는 코로나19라는 중립적인 명칭으로 불리게 되었다. 하지만 많은 사람들은 한동안 '우한 폐렴'이라는 용어를 고집스럽게 사용하며 중국으로부터 발생한 질병이라는 점을 강조했다. 우리나라뿐 아니라 서구 사회에서도 중국으로부터 새로운 코로나 바이러스로 인한 전염병이 발생했다는 사실과 그로 인한 분노가 여과 없이 표출되었다. 일례로, 2020년 초반 코로나19 사태 초기, 독일의 잡지《슈피겔(Der Spiegel)》의 표지 사진에는 코로나 바이러스가 '중국 생산품(made in china)'이라는 선정적인 어구가 붉은 방호복과 방독면을 쓴 사람의 모습을 배경으로 제시되었다. 코로나19라는 새로운 질병에 대한 공포와 불안 속에서, 인종 차별과 동양인에 대한 혐오가 전례 없이 강하게 드러났다(강성운, 2020).

우리나라에서 코로나19는 중국인에 대한 차별뿐 아니라 감추어져 있었던 온갖 혐오의 감정을 들춰내고 증폭시켰다. 2020년 2월 18일 대구에서 신천지 교인이었던 확진자가 나온 이래로 신천지 교인들에 대한 검사에서 코로나19 확진자가 대거 쏟아지자, 최초로 발견된 확진자에 대한 비난은 물론 신천지 교인들 전체에 대한 혐오가 무분별하게 표출되었다. 신천지라는 신흥 종교의 이질적인 측면과 그것을 따르는 신도들의 폐쇄적인 집단 문화가 방역을 어렵게 만드는 요인으로 지적되고, 신도 명부는 방역이라는 명목하에 까발려졌다. 코로나19에 감염된 신천지 교인들은 코로나19를 확산시킨 범인으로 낙인 찍히고, 상당수가 직장이나 가정으로부터 비난을 받아야 했다(박해남, 2020).

이뿐 아니라, 코로나19 확진자가 많이 발생한 지역이나 집단에 대한 비난은 계속되었다. 대구 지역에서 확진자가 계속해서 늘어나자 대구 시민들에 대한 걱정과 지원이 등장했지만, 한편에서는 대구 지역을 봉쇄해야 한다는 목소리도 있었다. 이태원의 클럽에서 집단 감염이 발생하자, 성소수자에 대한 낙인 찍기와 혐오가 이어졌다. 특히 당시 일부 언론사가 확진자의 동선과 성적 지향을 불필요하게 공개하면서 지나치게 선정적인 보도를 이어가면서, 이태원 클럽의 접촉자들은 성적 지향이 밝혀지는 것을 우려하여 검사를 기피하게 되었다. 정부와 시민단체는 성소수자의 인권을 보호하기 위해서는 물론 방역의 효율성을 위해서라도 이러한 혐오와 낙인이 없어져야 한다고 강조했음에도 불구하고, 성소수자 혐오를 선동하는 자극적인 보도는 한동안 계속되었다. 그 외에도 집회에 참석한 사람들이나 감염에 취약한 노약자를 배려하지 않는 청년층 등 특정 집단에 대한 비난은 끊이지 않았다. 물론 방역을 방해하는 특정한 행위에 대한 비판이 공동체 전체의 건강과 안녕을 위한 것일 때도 있지만, 특정한 개인이나 집단에 대한 지나친 비난과 낙인 찍기는 결국 공동체 자체를 무너뜨릴 수 있다(서보경, 2020; 최종렬, 2020).

혐오와 배제는 그것을 겪는 사람들뿐 아니라 그것을 하는 사람들에게도 부메랑이 되어 날아온다. 이번 코로나19 팬데믹 상황에서 우리나라에서 독특하게 나타나는 특징은 감염 자체에 대한 두려움보다 감염되었을 때 벌어질 일들에 대해 더 많이 걱정하는 경향이 나타난다는 점이다. 2020년 1월부터 5월까지 다섯 차례에 걸쳐 서울대 보건대학교 유명순 교수의 연구팀이 조사한 바에 따르면, 우리 사회에서 많은 사람들이 코로나19 확진자가 되었을 때 타인에게 미칠 영향이나 주변으로부터 받을 비난과 그로 인한 피해를 굉장히 우려하는 경향을 보였다. 이는 코로나19 감염에 대한 신념과 태도와 연관되는데, 코로나19 감염 경험이 없는 많은 사람들이 감염의 책임을 개인에게로 돌리고 있었으며, 이러한 경향이 점점 강해지고 있었다. 이렇게 되면 코로나19 확진자에 대한 비난은 점점 거세질 수밖에 없다. 또한 같은 연구팀에서 코로나19 뉴스에 대해 느끼는 감정들에 대해 조사했는데, 우리나라 시민들에게서 가장 지배적인 감정은 불안이었으나 시간이 흐를수록 분노가 강하게 나타났다. 이때 분노의 대상이 처음에는 많은 사람들의 죽음과 희생이었다면, 후로 갈수록 자가격리 규칙을 어기거나 생활 방역 지침을 준수하지 않은 사람들과 확진자들, 즉 '대오이탈자'를 향하고 있었다.* 이처럼 코로나19 사태를 지속시키는 원인으로 일부 사람들을 비난하려는 경향이 강하게 나타나고 있고, 이는 또 다시 우리 사회에서 코로나19 확진에 대한 불안을 만들어내고 있는 것이다.

---

* "국민 10명 중 7명 "코로나19 감염보다 확진 낙인 더 두렵다"", 《메디컬투데이》(2020.11.9)
(http://www.mdtoday.co.kr/mdtoday/index.html?no=405036)

코로나19를 공평하게 겪기 위해서

"나는 코로나19를 심하게 앓았다." 이제 이 문장은 코로나19 바이러스가 일으키는 호흡기 질환에 걸렸던 사람에게만 해당되는 것이 아니다. 코로나 19 팬데믹 시대 우리 모두는 코로나19에 걸렸든 그렇지 않든 크고 작은 재난을 겪어내야 했으며, 그 재난의 모습과 정도도 달랐다. 물론 새로운 바이러스를 가장 직접적으로 경험한 사람들은 환자와 의료진이었지만, 바이러스에 감염되지 않고도 우리는 무언가와 사투를 벌였고 또 벌이고 있다. 과학이 밝혀낸 코로나19는 SARS-CoV-2로 명명된 특정한 바이러스와 그로 인해 유발되는 몇몇 증상들을 특징으로 갖는 호흡기 질환이지만, 우리 사회 개개인이 실제로 겪어낸 코로나19는 바이러스와 그로 인한 생명의 위협에 국한되지 않는다.

이렇게 다양한 모습의 코로나19는 어떻게 돌보아져 왔으며, 앞으로 어떻게 더 잘 돌볼 것인가? 코로나19라는 전염병을 관리한다는 것은 단지 SARS-CoV-2 바이러스를 박멸하는 데 그치는 것이 아니라, 그와 연관된 불안과 공포, 사회적 낙인, 그로 인해 발생하는 불평등과 갈등, 신종 감염병을 유발하는 경제적, 사회적 조건들, 그리고 인간이 다른 존재와 관계 맺는 방식을 들여다보고 더 좋은 방향으로 조정해 가는 것을 포함한다. 이제 문제는 이처럼 팬데믹이라는 상황이 만들어내는 새로운 문제들을 공평하게 겪고 돌보는 방법을 찾는 것이다. 이를 위한 하나의 방편으로 2020년 8월 영국의 '돌봄 집단(Care Collective)'이 발표한 〈돌봄 선언(Care Manifesto)〉을 참고해보자. 이들은 돌봄이라는 것을 돌볼 수 있는 사회적 능력과 행동으로 정의하면서, 지구 상의 모든 생명체들이 지구와 함께 살아남을 수 있도록 하는 정치적, 사회적, 물질적, 감정적 조건들을 만드는 돌봄의 정치가 필요하다고 주장한 다(Chatzidakis et al., 2020). 코로나19 팬데믹은 저자들이 말하는 '돌봄 없는 상태(carelessness)'가 심화되면서 발생한 재난이라고 할 수 있으며, 그렇다면 돌봄의 행위들을 부흥시키지 않고서는 생명의 안녕과 풍요는 기대할 수 없는 것이다(추지현, 2020; 백영경, 2021). 그간 새로운 바이러스에 대한 공포에 가려져 잘 보이지 않았던 코로나19의 다양한 모습들을 살피고 돌볼 때, 우리는 계속해서 등장하는 질병 X를 함께 더 잘 겪어낼 수 있을 것이다.

2부

감염병에
대처하는
우리의 자세

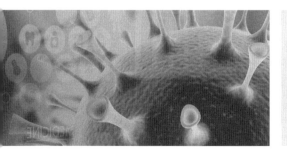

감염병의 원인으로서 귀려지기(鬼厲之氣)와 벽역서의 대처법

윤은경

윤은경_ 의료인문학 연구자. 前 경희대학교 인문학연구원 HK+통합의료인문학연구단 HK연구
교수. 경희대학교 한의과대학 및 동대학원 졸업
대표저서로『코로나 데카메론1, 2』(2021, 모시는사람들),『아프면 보이는 것들』(2021, 후마니타
스) 등이 있다.

그때와 지금: 감염병을 마주한 불안

감염병에 대한 의학적 지식은 역동적으로 변화되어 온 데에 비해, 그에 대한 사회적 불안은 예나 지금이나 우리의 일상을 뒤흔든다. 감염병에 대한 예방법을 비롯해 진단, 치료, 방역 등이 과거에 비해 발전한 오늘날 감염병이 우리의 일상에 가하는 위력이 상당히 감소하기는 했지만, 감염병을 일으키는 '원인'이 무엇인지 규명되었음에도 그것이 언제 어떻게 나와 주변인을 감염시킬지도 모른다는 불안감은 오늘날 우리로 하여금 더 많은 정보를 갈구하게 한다. 박테리아나 바이러스로 그 대상이 구체화되기는 했으나, 해당 미생물에 대한 이해가 불충분하고, 그것이 사회적으로 번지는 경로는 사회구조에 깊이 뿌리내리고 있으면서 저마다 맺고 있는 관계망에 따라 다양해서 규정할 수 없기 때문이다. 때로는 예측하기 어렵고 규명하기 어려운 측면들이 좀 더 깊은 불안감을 자극해 '가짜 뉴스'와 같은 '인포데믹(infodemic)'

의 확산을 부추기기도 한다.* 무엇이 가짜 뉴스에 해당하는지 판단하는 기준에 대해서는 논란의 여지가 있지만, 국제적인 위기 상황에 대한 반응으로 이런 종류의 뉴스가 생성되고 유포된 밑바탕에는 인류의 역사에서 지속적으로 이어져 온 '불안의 심리'가 있다.

조선시대의 역병 상황에서도 예외가 아니었다. 태조(1392)부터 철종(1863)에 이르기까지 조선에서는 약 641건의 에피데믹이 있었다. 이때마다 수많은 사람들이 병에 감염되어 마을 전체가 죽음에 이르는 등 인명 피해가 심각해 정부에서는 죽은 자들의 원혼을 달래는 여제(厲祭)를 지내고 지방관들에게 현장에서 바로 적용할 수 있는 의학 지식을 수록한 벽역 전문 의서를 유포하는 등의 방역 정책을 펼쳤다. 의원의 수도 한정적이고 약재를 구하기도 어려운 실정에서 기존 의서에 실린 대로 환자들에게 치료를 제공하기란 실효성이 없는 일이었기에 감염병 상황에서 배포한 벽역의서(辟疫醫書)에는 개개인이 쉽게 구할 수 있는 단방 위주의 처방을 수록하고 방역을 위해 가구 단위, 마을 단위에서 취할 수 있는 조치들을 포함시켜 감염병에 대처했다. 한편 민간에서는 앞서 언급했던 '불안의 심리'가 횡행했음을 드러내는 여러 현상들이 나타났다. 역병이 번지자 보리밥을 먹어야 병에 걸리지 않는

---

* 인포데믹은 정보(Information)와 감염병(Epidemic)의 합성어로, "일부의 사실이 두려움, 추측, 소문과 뒤섞여 현대 정보기술을 타고 전 세계로 빠르게 퍼져나가 국제경제와 정치, 심지어는 안보까지 위협"하는 상황을 일컫는다. 이 용어는 존스홉킨스 블룸버그 보건대학원의 데이비드 로스코프(David J. Rothkopf)가 제안했다. WHO는 국제적인 감염병 위기 상황에서 에피데믹의 심각성을 인지하고 방역 당국의 조치를 방해하는 가짜 뉴스를 바로 잡는 팀인 '미신 파괴자(myth busters)'를 꾸리기도 했다.

다는 소문이 퍼져 보리의 가격이 폭등하기도 했음이 『선조실록』에 기록되어 있다.

정부에서 간행한 벽역서에 실린 방역 방법들은 얼핏 민간에서의 '불합리한' 대응과 유사한 내용들을 싣고 있다. 이를 살펴보면 오늘날의 생의학적 관점에서는 '미신적'이라고 여기기 쉬운 주술적인 내용들이 수록되어 있는데, 벽역서의 내용이 당대의 합리적인 의학 지식이었으며, 의학과 종교가 사람의 마음이라는 공통 관심사 안에서 긴밀한 관계를 맺으며 지식과 실천이 중첩되어 있는 상황이었음을 상기하면 더더욱 그 역할과 의미를 섣불리 '불합리한 비의학'으로 배제하기 어렵다.

이 글에서는 조선시대 벽역서에 나온 방역 방법이 당시 민간의 감염병 대응 방식을 일정 부분 반영하고 있다고 보고, 정부의 대응이든 민간의 대응이든, 감염병에 대처하는 여러 층위 가운데 좀 더 심(心)적인 차원에 흐르는 공감대를 읽어내고자 했다. 조선시대에도 더 합리적이라고 여겨지는 의학적 지식과 터무니없다고 여겨지는 민간지식 간의 구분이 있었다. 그러나 이 구분은 지금 우리가 과학적인 잣대로 의학과 비의학을 나누는 것과 차이가 있었으며, 특히 마음의 문제 안에서 둘의 경계는 모호했다.

조선시대 벽역서 계보

조선시대에 간행된 벽역서의 계보는 대규모 감염병에 대한 정부 대응의 역사이다. 일반 의서와 달리 벽역서는 감염병이 닥쳤을 때 지방 곳곳에서의 감염병 확산을 막고, 감염된 이들에게 실효성이 있도록 즉각 적용 가능한 내용으로 구성되었다. 주변에서 구하기 쉬운 약재 위주로 하고, 누구나 읽을 수 있도록 주로 한문이 아닌 한글본으로 간행했다.

최초로 간행된 벽역 전문 의서는 세종 대의 『벽온방』이다. 이 책에서는 당시의 주요 의서인 『향약집성방』과 『의방유취』에서 역병 관련 내용을 모아 정리한 후 백성들이 알아보기 쉽게 언해를 병기했다. 이후 중종 13년에 이르러 『벽온방』을 다시 언해한 『언해벽온방』이 간행되었고, 그로부터 6년이 지나 중종 19년에 1년여간 역병으로 많은 이들이 죽자, 『벽온방』에 실리지 않은 역병 처방을 『의방유취』에서 발췌하여 『속벽온방』(1525)을 언해하여 간행했다. 『속벽온방』은 오늘날 『간이벽온방』이라는 이름으로 전한다. 중종 대의 감염병 유행은 여기에서 그치지 않았다. 중종 37년에 이르러 함경도에서 충청도에 이르기까지 역병으로 인한 사상자의 수가 많아졌고, 이에 대한 대응으로 『분문온역이해방』(1542)을 간행했다.

17세기에 이르러 광해군 4년에 함경도에서 역병이 유행해 많은 이가 죽고 전국적으로 퍼지자, 왕은 당시 『동의보감』의 간행을 막 마친 허준에게 벽역 전문 의서를 간행토록 했다. 이 책은 『신찬벽온방』(1613)으로, 기존의 『간이벽온방』이 지나치게 소략하여 불충분하다는 문제점을 보완한 것이다. 같은 해에 허준은 역병서를 또 하나 펴냈는데, 1613년 가을에 새로운 역병이 중국으로부터 들어오자 이에 대한 변증과 치료법을 실은 『벽역신방』이다. 이후 효종 4년 황해도에서 역병이 유행하자 허준의 『신찬벽온방』을 보완 및 언해한 『벽온신방』(1653)이 간행되었다.*

이들 벽역서는 오로지 감염병에 대처하기 위해 간행되었으며, 그 내용을 살펴보면 감염된 환자에 대한 치료법과 더불어 감염 예방법에 관한 내용으로 구성되어 있다. 병정이 빠르고 급박하기 때문에 구하기 어려운 약재나 처방보다는 주변에서 쉽게 찾을 수 있는 약재로 구성된 단방 위주의 처방이 실려 있으며, 감염을 예방하는 방법으로는 역병의 원인 가운데 하나인 비위생적인 환경을 개선하고, 또 하나의 주된 원인으로 인식했던 귀려지기(鬼厲之氣)를 잠재우기 위한 여러 의례와 지침이 제시되었다.

위의 벽역서들은 서로 독립적으로 간행된 것이 아니라 이전의 것을 바탕으로 현재의 상황에 맞게 보완하고 정리하는 과정을 거쳤다. 허준 이후의 의서인 『신찬벽온방』, 『벽역신방』, 『벽온신방』은 『간이벽온방』, 『분문이해온역방』에 혼재해 있던 기록들을 정리하고 보완한 것이고, 『벽온신방』은 『신찬벽온방』의 언해본으로 볼 수 있다. 따라서 여기에서는 의서의 내용을 모두 다루기보다는 대표격인 『신찬벽온방』을 살펴보기로 한다. 새로운 감염병에 관해 적은 『벽역신방』 또한 새로운 역병에 대한 내용인 만큼 다른 의서에 비해 독자적인 성격을 띠지만, 같은 저자임에도 불구하고 『벽역신방』에는 양법(禳法)으로 일컬어지는, 오늘날의 관점에서 무속과 의술 사이에 존재하는 '의례로써 감염병을 물리치는 방법'에 관한 내용이 등장하지 않으므

---

* 조원준, 「조선시대 벽역의서에 나타난 역병 예방법」, 『대한예방한의학회지』 12(2), 2008.

로 제외한다.

역병에 불을 지피는 귀려지기

『신찬벽온방』에서 허준은 병의 원인을 다섯 가지로 나누어 보았다. 첫째
는 운기, 둘째는 계절과 절기의 부조화, 셋째는 귀려지기(鬼厲之氣), 넷째는 비
위생적인 환경, 그리고 다섯째는 양생의 실패이다. 이 가운데 귀려지기에
대해서는 귀려지기가 이미 감염시킨 환자에게서 그것을 물리치는 방법과
그것의 전염(傳染)을 방지하는 방법이 설명된다. 먼저 귀려지기에 대한 설명
이다.

> 역질은 사나운 귀신이 있는 것과 흡사하기 때문에 역려라고 한다. 귀려지
> 기라 이르는 것은, 귀신이 돌아갈 곳이 없게 되면 귀려가 되기 때문이다. 천지
> 에 부정한 기운이 있으면 귀려가 여기에 의지해 해를 입히게 된다.*

앞서 언급했듯이, 당시 귀려지기가 역병의 유일한 원인이라고 본 것은 아
니다. 역병은 넓은 지역에 걸쳐서 여러 사람에게 한꺼번에 일어난다는 특성
때문에 가장 광범위한 영향력을 갖는 운기의 역할이 크다고 보았다. 운기

---

* "疫疾如有鬼厲相似, 故曰疫癘."〈入門〉"又謂鬼厲之氣, 夫鬼無所歸, 乃爲厲爾, 若夫天地有不正之
  氣, 鬼厲依而爲祟."〈類聚〉『新纂辟瘟方』.

『신찬벽온방』 표지
출처: 한국민족문화대백과

의 작용에 의해 역병의 기운이 발생했을 때, 가장 크게는 세계적으로 유행하고, 다음은 한 지역에서 유행하고, 그다음으로는 한 마을에서 유행한다고 했다. 그러나 운기만으로는 설명할 수 없는 측면이 있었다. 바로 역병이 왜 하필 어떤 시기에만, 또 어떤 지역에서만 발생하는가에 관한 문제였다. 이러한 설명할 수 없는 우연적인 측면들의 배후에는 귀려지기가 있었다. 귀려지기가 병인으로 작용한다는 것은 갈 데 없는 귀신이 부정한 기운에 의탁해 살아 있는 사람에게 역병으로써 해를 입힌다는 것인데, 귀신이 갈 데가 없다는 것은 때 맞춰 제사를 지내 줄 이승의 가족이나 인간관계가 없다는 것으로, 살아 있을 때에도 사회의 주변부로 밀려난 이들이 귀려지기가 되었다. 정부에서 감염병이 유행하면 제사를 지내 이런 원혼들을 위로하여 감염병의 기세를 꺾으려 한 것이 바로 여제(厲祭)이며, 이는 유교 사회에서 백성들의 복지에 책임을 지는 국가가 구제하지 못해 억울한 죽음으로 세상을 떠난 백성들에 대한 국가적 차원의 도덕적 반성의 성격도 띠었다.

여제 설행의 목적이 흉흉한 민심을 달래기 위한 정치적 캠페인이라고 본 견해도 있으나, 당시에 합리적인 의학 지식을 수록한 전문 의서에서 귀려지기를 병인으로 언급하고 이에 대한 대처법을 수록했음을 상기하면 여제를 정치적 퍼포먼스만으로 규정하기 어렵다. 귀려지기가 오늘날의 관점에서 '합당한' 병인으로 수용 가능한지의 여부를 떠나, 당시에는 분명히 귀려지기가 주요한 병인 가운데 하나였다. 당시의 합리적인 의학 지식을 실은 의서에서 귀려지기를 병인으로 인식하고 정부에서도 이 부분에 대한 대응책으로서 의례를 마련하고 실천할 정도로, 실질적인 병인으로서 귀려지기에 대한 공감대가 있었던 것이다.

온역에 대한 『신찬벽온방』의 대처법

역병의 상황에서 중요한 것은 최대한 온역이 퍼지지 않도록 하는 것이다. 역병 환자의 치료만큼이나 중시되는 것이 개인 및 지역 차원에서의 예방이며, 『신찬벽온방』 또한 이를 반영하여 온역을 물리치고 전염되지 않게 하는 방법을 싣고 있다. 그 가운데에는 온역을 물리치는 데 효과적인 처방약을 대량으로 달여 여러 사람이 나눠 먹는 방법과 더불어 다음과 같은 내용이 엿보인다.

『유근별전』에서 말했다. "온역이 심하게 돌면 고을에서 육합을 주재하는 곳의 땅을 깊이와 너비 3자를 파고, 깨끗한 모래 3섬으로 채운 뒤 좋은 술 3되를 그 위에 붓고 우두머리가 축원하도록 한다." 이것도 역병을 없애는 좋은 방법이다. 이른바 태세육합^{太歲六合}이라는 것은 한 해의 나쁜 기운을 쏟아내는 곳이기 때문에 재앙을 물리치는 것이다…. '籏籏籏籠' 네 글자를 주사로 크게 써서 출입문 좌우의 가장자리에 붙인다." *

주사(朱砂)는 붉은색의 광물성 약재로서, 이것으로 글씨를 쓰는 것은 부적에 붉은색 묵으로 글씨를 쓰는 것과 유사하다. 양법 가운데 부적이나 글자, 그림을 활용하는 경우, 일반적으로 붉은색을 썼으며, 산모의 순산을 기원하는 최생부(崔生符)에서도 붉은색으로 글씨를 썼다. 붉은색이 악귀를 물리친다는 인식이 반영된 것이다. 내복약으로 쓰이는 경우, 주사는 심장을 진정시키고 마음을 안정시켜 열을 내리고 해독하는 작용을 한다. 복용 시 마음을 안정시키는 주석이 그것으로 쓴 글씨로써 악귀를 물리치는 작용을 하는 점이 인상적이다. 주석은 그것의 빛깔로써, 그리고 복용하는 약재로써 모두 안심(安心)이라는 작용을 한다고 볼 수 있는 것이다.

한편, 붉은색을 강조했던 의서의 내용과 달리, 민간에서 행한 벽역책으로

---

* "劉根別傳云, 瘟疫熾發, 可於州治六合處, 穿地深至三尺, 闊亦如之, 取淨沙三斛實之, 以醇酒三升沃其上, 俾使君祝之. 斯亦消除疫癘之良術也. 所謂太歲六合者, 歲泄氣之所在, 故以厭禳也.《得效》… 籏籏籏籠四字, 以朱砂書大字, 貼門左右邊."『新纂辟瘟方』.

'백토(白土)로 문밖과 벽 위에 손바닥을 그린' 기록이 앞서 언급했던 『선조실록』에 나타난다. 선조 10년 1월 29일의 기록에 따르면, 역병이 돌자 보리쌀을 먹어야 병을 면할 수 있다는 믿음이 퍼져 보리쌀이 동나고 가격이 치솟고, 이를 구하지 못한 이들이 백토(白土)로 문밖과 벽 위에 손바닥을 그렸다는 내용이다. 붉은색과 백색으로 색이 다르고, 주술적인 글씨를 쓰는 것과 손바닥을 그린 것에서 내용에는 차이가 있지만, 출입문에 역귀를 물리치는 주술적 상징을 비치해 두면 역귀가 집 안으로 들어오는 것을 막아낼 수 있다는 인식이 공통적으로 엿보인다.

다음으로 온역을 물리치는 방법 가운데 그 역사가 깊고 중시되던 것으로 사해신명(四海神名)의 암송이 있다. 사해신명 암송이란, 동서남북 바다 신의 이름을 일정한 횟수 암송함으로써 악귀를 물리치는 대표적인 온역벽법(溫疫辟法) 가운데 하나이다. 사해신명의 암송은 당나라 소원방(巢元方)의 저서 『제병원후론』에 등장한 이후 온역을 물리치는 대표적인 방법으로 전해져 내려왔다. 조선에서는 『의방유취』, 『의림촬요』와 『동의보감』에도 나타나며, 벽역서로는 『간이벽온방』, 『분문온역이해방』, 그리고 본고에서 다루는 『신찬벽온방』에 지속적으로 등장한다.*

일상적으로 닭 우는 때마다 마음을 깨끗이 하여 사해의 신 이름을 3번씩 읊

---

* 조원준, 「17세기 초 조선에서 유행한 '당독역'에 대한 연구-허준의 『벽역신방』을 중심으로」, 원광대학교 대학원 한의학과, 박사학위논문, 2004, 72-73쪽.

134 ── 감염병의 장면들

으면 온갖 귀신과 온역을 물리치는 데 효험이 매우 크다. 동해의 신 이름은 아명阿明이고, 남해의 신 이름은 축융祝融이고, 서해의 신 이름은 거승巨乘이고, 북해의 신 이름은 옹강禺强이다.*

    여기에 등장하는 신들은 해신(海神)으로서, 오늘날 무속에서 쓰이는 경문 가운데 용왕경에 등장하기도 한다.** 용왕에 대한 기원은 대개의 경우 어촌에서 빈번하게 일어났다. 용왕 의례의 의미는 바다의 신격화인 용왕이 어촌에 풍어를 가져오고 어부들이 험한 바다에서 무사히 돌아올 수 있도록 비는 것인데, 바다가 삶의 터전인 해안 지역에서 용왕은 삶을 관장하는 신령인 동시에 죽음을 관장하는 신령으로서 그 권위가 막강할 수밖에 없다. 이는 우리나라에만 국한된 것이 아니라 그리스 문화권의 포세이돈이나 일본의 에비수와 같이 여러 문화권에서 나타나는 것으로, 바다와 바다로 상징되는 자연에 대한 인류의 인식과 맥을 함께한다.

    한편, 생계가 바다와 직접적으로 관련되지 않는 경우라도 넓은 의미에서 '물'은 인류의 생존에 없어서는 안 되는 것이다. 내륙지역에서는 강물을 중심으로 문명이 발달했고 마을에서는 우물에 의존해 생활을 영위했다. 물의

---

*   "常以雞鳴時, 淨心存誦四海神名三遍, 則辟百鬼及瘟疫, 甚效. 東海神名, 阿明, 南海神名, 祝融; 西海神名, 巨乘; 北海神名, 禺音雍强." 〈類聚〉『新纂辟瘟方』.

** "…복원 천존지비하야 천지가 열린 후에 사해용왕 생겨나니 동해용왕 광덕왕 남해용왕 광이왕 서해용왕 광택왕 북해용왕 광연왕 / 기아 용왕대신 복원 천존지비하야 천지가 열린후에 사해용왕 생겨나니 동해용왕 광덕왕 남해용왕 광이왕 서해용왕 광택왕 북해용왕 광연왕 / 동해용왕 아명신 남해용왕 축융신 서해용왕 거승신 북해용왕 웅가신."

상태에 따라 이에 의존하는 이들의 흥망이 정해지고 생사가 갈리기도 했다. 이처럼 지역을 막론하고 삶과 죽음을 좌우할 수 있는 힘을 지니고 있기에 여러 문화권에서 다양한 '물의 신'이 바다의 신에 못지않게 기원의 대상이 되기도 했다. 우리나라에서 '물의 신'으로서 용왕은 내륙의 농촌지역에서도 풍요로움과 재앙을 예방하기 위한 기원의 대상이었다. 해안 지역은 물론이거니와 각지에서의 용왕에 대한 기원은 "공동체의 평안"이나 "개인의 기복"을 빌기 위함이었으며,* 삼면이 바다로 둘러싸인 지리적인 특성에 비추어보았을 때 조선의 의서에 등장할 만큼 사회문화적으로 해신에 부여했던 권위는 납득할 만하다.

당나라 때의 의서 『제병원후론』에서 역병을 물리치기 위한 방법으로 언급된 후, 여러 의서와 17세기 조선의 역병에 대처하기 위한 벽역서 『신찬벽온방』에 이르기까지 전해져 내려온 사해신명의 암송은 역병의 창궐과 같이 감당하기 어려운 재난이 닥쳤을 때, 치료약의 복용이나 출입문의 부적 등과 같이 인간 차원의 지식을 바탕으로 하는 실천으로 통제가 불충분한 상황에서 초인간적인 대상에 호소함으로써 재난 상황을 통제하려는 시도이다. 앞을 예측할 수 없고 시시각각 변화하는 혼란한 상황에서 개인 및 공동체의 평안을 도모하는 이 같은 주술적 실천은 역병을 극복하는 데 치료약만큼이

---

* 홍태한(2018)의 연구에서는 "용왕에 대한 인식은 전국적이다. 바다, 강 등 물이 있는 곳에는 용왕에 대한 믿음이 존재한다"고 말하며 용왕이 해안 지역에서만 위력을 지녔던 것이 아니라, 전국에 걸쳐서 "공동체의 평안"을 목적으로 하는 의례의 대상이었다고 설명한다. 홍태한, 「농촌과 어촌의 용왕굿 비교」, 『도서문화』 51, 2018, 167-190쪽.

나 중요한, 정신적 차원의 치료였을 것이기 때문이다.

실격당한 원혼들에 대한 산 자들의 인식

감염병은 의학적인 문제만이 아니다. 역병이 창궐하면 개인과 사회의 깊은 불안감을 자극하고 사회의 구조적 결함을 드러낸다. 병은 사람을 가리지 않고 감염시킨다지만, 감염에 노출되기 쉬운 이들은 열악한 주거 환경에 처해 있거나 제때 예방과 치료에 필요한 것들을 갖출 수 없는 사람들일 가능성이 높기 때문이다. 이때문에 감염병은 그 자체로도 재난이지만, 사회적 안전망이 작동하지 않는 이들에게는 실질적이면서 정신적인 고통의 상황이다. 언제 역병에 걸려 죽을지, 충분치 않은 의료 자원에 접근할 수 있을지 확신할 수 없기 때문이다.

조선 정부에서는 역병이 닥쳤을 때 벽역 지식을 수록한 의서를 각 지역에 배포했다. 역병 환자를 치료하고 전염을 막아내는 목적 위주로 정리된 이러한 의서에는 오늘날의 관점에서 미신적으로 보이는 방법들이 실려 있다. 바로 양법(禳法)으로 지칭할 수 있는 여러 방법들로, 이들은 주로 역병의 여러 요인 가운데 귀려지기기(鬼厲之氣)를 물리치기 위한 것들이다.

17세기, 왕명을 받은 허준이 간행한 벽역서 『신찬벽온방』에서도 양법이 제법 비중 있게 다뤄진다. 그 내용을 살펴보면 이전부터 전해 내려오는 방법들이 보이는데, 붉은색으로 부적을 써 출입문에 붙이거나, 붉은색이 아니더라도 악기(惡氣)가 싫어하는 글자를 써서 물리치는 방법이다. 이 방법은 역병 외에 순산을 기원할 때에도 쓰였는데, 생사가 갈릴 수 있는 상황에 처했을 때 초월적인 존재에게 기대어 어려움을 예방하거나 극복하려는 의미로 볼 수 있다. 또 하나의 방법으로는 사해신명의 암송이 있다. 동서남북의 해신(海神)에게 기원하는 것인데, 벽역법으로서의 역사가 깊다. 해신은 바로 용왕으로, 바다를 터전으로 삼는 해안지역 사람들에겐 생명줄을 쥐고 있는 중요한 존재이다. 따라서 우리나라 해안지역 곳곳에서 용왕에게 풍어와 어부들의 무사 귀환을 기원했다. 한편 해안지역이 아니더라도 물을 관장하는 신으로서 용왕은 여전히 생사를 좌우할 수 있는 존재로서 의미를 갖는다. 특히 바다로 둘러싸인 우리나라의 지형적 특성을 감안하면, 외부로부터 유입되어 재난을 일으킬 수 있는 요인들을 막아내거나 물리칠 수 있는 힘을 해신에게서 찾은 것은 자연스럽다.

의서에서 벽역의 주요 원인을 운기(運氣)에서 찾았음에도 귀려지기(鬼厲之氣)에 기인하는 부분이 있음을 명시하고 치료 및 예방법에서도 역병의 병리에 작용하는 약물과 더불어 귀려지기에 대응하는 다양한 양법(禳法)을 구체적으로 언급한 것은 당시 의학과 사회 전반의 역병에 대한 관점을 드러낸다. 무엇보다도 귀려지기에 대한 인식이 중요한데, 이를 우리에게 병을 가져오는 어떤 사악한 존재로 타자화한 것이 아니라, 한때 인간사회에서 함께 살던 이들이었으나 억울하게 죽고 고립되어 갈데없는 원혼(冤魂)의 연장선에서 보았다. 따라서 역병의 창궐은 한편으로 사회의 도덕성에 대한 심판이기도 했으며, 이때문에 왕실에서 여제(厲祭)를 지내 원혼들을 위로함으로써 도덕적 반성을 하고자 한 것이다. 양법(禳法)은 일차적으로는 악한 기운을 물리치는 구체적인 실천이었으나, 더 깊이 들여다보면 공동체로부터 낙오되어 원혼이 된 이들에 대한 추모의 의미가 있으며, 죽은 이를 떠올림으로써 살아 있는 이들이 혼란하고 불안한 마음을 해소하려는 정신적인 치유의 방법이기도 했다.

인간과 동물, 우리가 함께 건강할 수 있을까?

—기원전 3세기 아쇼카왕의 생명 존중

이은영

이은영_ 경희대학교 인문학연구원 HK+통합의료인문학연구단 HK연구교수. 경희대학교 철학과 및 동 대학원 졸업.
대표저역서로 『각성, 꿈 그리고 존재』(2017, 씨아이알), 『마인드풀니스』(2018, 민족사), 『코로나19 데카메론』(2020, 모시는사람들) 등이 있다.

신종감염병과 원헬스

2003년에는 사스, 2009년에는 신종플루, 2015년에는 메르스 유행에 이어 2019년부터 2021년 현재까지 전 세계는 코로나19 감염병의 유행으로 고통받고 있다. 이러한 것들은 동물과 사람 간에 서로 전파되는 인수공통감염병이다. 왜 이런 인수공통감염병이 점점 빈번하게 일어나며 그 위력도 커지고 있는 것일까? 감염병이 발생하는 과정에서 인간, 동물, 환경이 어떠한 관계를 맺는지 살펴보자.

인간의 욕망은 무분별한 개발과 개간으로 밀림을 훼손해 왔고, 이로 인해 야생동물과 인간의 접촉이 늘어났다. 그런데 박쥐나 사향고양이, 천산갑 등의 야생동물은 인간에게도 전염될 수 있는 바이러스를 가지고 있다. 오랫동안 복제와 변이가 이루어지며 생존력이 강해진 이 바이러스는 원래 그것을 보유하고 있던 야생동물에게는 영향을 주지 않는다. 그들은 이 바이러스에 오랜 세월 노출되어 있었기 때문이다. 그러나 인간은 다르다. 접해 본 적 없던 새로운 바이러스는 인간에게 발열, 몸살, 호흡 곤란 등의 증상을 일으키는 '병'을 불러온다. 그리고 이 병은 빠른 속도로 확산되어 수많은 사람들의

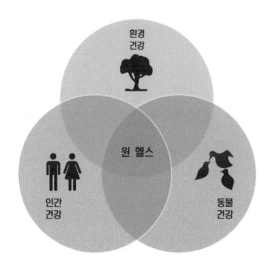

원헬스

목숨을 앗아가기도 한다. 1년 반이 넘게 전 세계를 뒤흔들고 있는 코로나19 감염병도 이러한 경로로 발생했으리라 짐작된다.

점점 빈번해지는 인수공통감염병의 발생은 인간의 건강이 동물이나 환경의 건강과 연결되어 있다는 깨달음을 준다. 이러한 상황에서 주목받는 건강에 대한 접근법이 '원헬스(One health)'이다. 2000년대 이후 관심받아 온 원헬스는 인간, 동물, 환경을 유기적으로 연계된 것으로 보고 이들 모두에게 최적인 건강 상태를 추구하는 건강 패러다임이다. 오늘날 인류의 건강을 위협하는 또 다른 요소인 기후변화와 환경오염 문제도 건강에 대한 원헬스적 접근의 필요성을 절감하게 해 준다.

인간만이 아니라 동물의 건강도 돌보려 하는 것은 분명히 착취와 정복의 대상으로만 동물을 바라보는 것보다는 동물에 대해 우호적인 자세이다. 그러나 원헬스적 접근의 강조 이면에는 여전히 인간의 건강을 위해 동물의 건강이 필요하다는 생각, 즉 인간중심주의적 관점에서 동물을 바라보는 태도가 있다. 동물은 여전히 인간의 도구이고 대상인 것이다. 그렇지만 인간인 우리가 인간을 위해서가 아니라 동물의 생명과 건강도 소중해서 그들의 건강을 돌본다는 것은 불가능한 일 아닐까?

그러나 타자의 경계는 고정되어 있지 않다. 때로는 내 밖의 모든 존재가 타자이고, 때로는 내 가족 외의 다른 모든 이들이, 때로는 내 민족, 내 인종, 내 나라 사람들 외의 다른 민족, 다른 인종, 다른 나라 사람들이 모두 타자이다. 인류는 역사 속에서 그런 타자를 착취하고 혐오하고 살해하기도 했다. 그러나 한편으로 인류는 자신, 그리고 자신이 선천적, 후천적으로 속한 집단을 넘어서서 타인과 다른 집단의 인권과 생명을 보호하려고 노력하기도 했다. 인류는 바로 그러한 때, 즉 자신의 이해관계를 넘어서서 올바름, 타인의 이익과 행복, 생명의 존중을 위해 애쓸 때 그것이야말로 진정으로 인간다운 것이라 여기며 자부심을 가지는 존재이다. 그렇다면 나를 넘어서서 타자의 이익과 행복을 바라는 그 인간다움을 동물을 향해서도 조금씩 넓혀갈 수는 없을까?

이러한 논의에는 항상 따라붙는 의심과 비판이 있다. 인간이 완전히 육식을 끊고 철저한 채식주의자가 되지 않는 이상, 모기나 바퀴벌레, 쥐를 보아도 쫓거나 죽이기는커녕 기꺼이 자신의 살과 생활공간을 내어주지 않는 이상, 입고 신고 쓰는 물품들에서 동물의 털과 가죽을 사용하는 것을 그만두고 동물을 이용한 실험도 금지하지 않는 이상, 동물의 생명과 건강을 돌보자는 주장은 위선이나 가식에 불과하다는 것이다. 누군가는 동물을 아끼는 마음에서 채식주의자가 될 수도 있고 누군가는 그렇지 않을 수도 있다. 그러나 후자의 경우라 해서 동물의 생명과 건강에 대해 아무런 목소리도 낼수 없는 것은 아니다. 그것이 동물이든 식물이든 생명체는 다른 생명체를 영양분으로 하여 살아간다. 자신의 생명과 건강을 지키기 위해 다른 생명체와 싸우고 서로 죽고 죽이기도 한다. 만약 단지 육식을 하거나 안 하거나, 곤충을 죽이거나 말거나 등의 문제로만 동물의 생명과 건강의 문제에 접근하려 한다면, 우리는 거의 아무런 이야기도 하지 못할 것이다. 이와 함께 단지 죽이고 살리고의 문제만이 아니라 살아 있는 동안의 동물의 삶의 질에 대한 고민과 논의도 중지하게 될 것이다.

극단적이고 이분법적인 사고를 떠나서 인간과 동물이 지구상에서 가능한 한 함께 건강하고 평화롭게 살아가는 방식에 대해 다각도로 고민하고 이야기해 나가는 것은 어떨까? 때로는 자이나 교도처럼 작은 생명이라도 해칠까 두려워 농사조차 금지하는 방식이 있을 수 있다. 때로는 불교도처럼 자신을 위해 도축된 동물을 먹지 않는 방식도 있다. 영화 〈아바타〉의 나비족처럼 꼭 필요한 만큼, 필요할 때 사냥하되 미안함과 고마움을 표하는 방식도 있을 것이다. 그리고 이 글에서 보려는 것처럼 생명에 대한 사랑과 존중으로 인간과 동물의 건강을 모두 돌보려 한 기원전 3세기 아쇼카(Aśoka)

왕의 방식도 있다.

잔인한 아쇼카, 지옥도를 지상에 구현하다

아쇼카왕은 인도 역사상 가장 위대한 왕으로 불린다. 그에 대한 기록은 『아쇼카바다나(aśokāvadāna)』, 『마하밤사(Mahāvaṃsa)』, 『디파밤사(Dīpavaṃsa)』, 『아육왕경(阿育王經)』, 『아육왕전(阿育王傳)』 등 산스크리트어, 팔리어, 한문으로 쓰여 있는 문헌 외에 바위와 돌기둥에 새겨진 각문(刻文)으로 확인할 수 있다. 고대의 인물로서는 문헌으로 전해지는 기록이 많은 편이긴 하지만, 서로 일치하지 않는 부분도 있고 전설적인 이야기들도 섞여 있어서 그것들 사이에서 실제 역사적 사실을 정확히 판별하는 것은 간단하지 않은 문제이다. 그러나 아쇼카왕이 직접 바위와 돌기둥에 새겨 신하들과 사람들이 따르도록 한 각문은 실제 그가 어떻게 통치했는지를 알려주는 가장 신뢰할 만한 자료이다. 여기에서는 문헌과 각문의 기록에 바탕하여 그의 삶과 통치를 이야기하려 한다.

아쇼카가 위대한 왕으로 불린 이유는 단지 인도 아대륙 대부분을 처음으로 통일했기 때문만은 아니다. 바위에 새긴 아래의 칙령에서 확인할 수 있는 것처럼, 그는 모든 사람을 자신의 자녀로 여기고 그들이 복지와 행복을 누리기를 진심으로 원했다.*

> 모든 사람들은 나의 자녀이다. 나의 친자녀들이 완전한 복지와 행복을 누
> 리기를 바라는 것처럼, 나는 모든 사람들이 완전한 복지와 행복을 누리기를
> 바란다.

그런데 이러한 마음을 가지고 실제로도 사람들의 복지와 행복을 위해 최
선을 다했던 그의 별명이 놀랍게도 한때는 '잔인한 아쇼카'였다. 아쇼카는
마우리야 제국 제2대 왕인 빈두사라(Bindsara)왕의 백여 명 아들 중 한 명으로
태어났다. 그는 원래 왕위를 계승할 왕자는 아니었다. 빈두사라왕의 총애를
받고 장차 왕이 될 예정이었던 왕자는 장자인 수시마(Susīma)였다. 그러나 부
왕의 사후 아쇼카는 자신의 동복 동생인 비타쇼카(Vitaśoka)만 살려두고 수시
마를 비롯한 나머지 형제들을 모두 살해했다. 부왕의 후궁과 대신들도 죽였
다. 인도를 통일하는 과정도 피비린내나는 것이었다. 칼링가 지역을 정복하
는 동안 그는 무려 십만 명을 죽였다.

『아육왕경』과 이역본(異譯本)『아육왕전』은 아쇼카왕이 신하들과 궁녀들을
얼마나 어이없는 이유로 잔인하게 죽였는지를 전한다. 그는 오백 명의 대
신들이 자신을 업신여긴다고 생각해서 그들을 길들이려 엉뚱한 명령을 내

---

* 이 글에서 언급하는 바위와 돌기둥에 새긴 칙령은 일아 스님(2009)과 이거룡(2009)의 번역을 참
  고했다.

린다. 꽃나무, 과일나무로 울타리를 쳐서 가시나무를 보호하라는 것이었다. 대신들은 가시나무로 울타리를 쳐서 꽃나무, 과일나무를 보호해야 하지, 거꾸로 할 수는 없다고 명령을 따르지 않았다. 그러자 화가 난 아쇼카왕은 직접 칼을 뽑아 오백 명 대신들의 머리를 베었다. 또한 아쇼카라는 이름의 꽃이 예쁜 나무를 아쇼카왕은 자신과 이름이 같다며 좋아했다. 그런데 전해지기로는 야쇼카는 몸이 거칠고 껄끄러워 궁녀들이 그를 존경하거나 사랑하지 않고 멀리했으며 아쇼카왕이 잠들 때를 기다려 동산에서 놀곤 했다 한다. 어느 날 아쇼카나무의 꽃가지가 꺾인 것을 발견하고 왕이 주변에 물었다. 궁녀들이 꺾었다는 것을 알고는 아쇼카왕은 분노하여 오백 명의 궁녀들을 나무에 붙들어 매고 태워 죽였다. 그야말로 '잔인한 아쇼카'였다.

재상은 왕이 직접 살해하는 것은 적절치 않다며 다른 사람에게 맡기라 했다. 그 일을 할 만한 잔인한 사람을 수소문해서 찾아낸 게 기리카(Girika)였다. 기리카는 왕의 명령으로 사람 죽이는 일을 하러 가겠다고 하는 아들을 말리는 부모까지 살해할 정도로 잔인했다. 그는 왕에게 들어온 자는 다시는 나가지 못하는 감옥을 만들어달라고 했다. 감옥은 어떤 모양으로 만들었을까? 마침 그즈음에 기리카는 절 앞을 지나가다 한 비구가 불교 경전에서 지옥을 묘사한 내용을 읊고 있는 것을 들었다. 펄펄 끓는 가마솥, 활활 타는 화로, 칼로 만들어진 산, 가지와 잎이 모두 칼인 나무 등 죄를 지은 사람이 가는 지옥의 모습은 듣기만 해도 그 고통이 상상되는 것이었다. 기리카는 바로 경전에 묘사된 지옥을 본따서 감옥을 만들고 고문 도구를 갖추었다.

시왕도(十王圖) 중 지옥 묘사 부분
출처: 국립민속박물관 (https://www.nfm.go.kr/common/data/home/relic/detailPopup.do?seq=PS0100200100109555500000)

아쇼카왕을 바꾼 전생의 예언

어느 날 그 지옥 같은 감옥에 한 비구 승려가 실수로 들어갔다. 다시 나가려 했지만 흉포한 기리카는 내보내 주지 않았다. 승려는 큰 소리로 울었다. 기리카는 왜 어린아이처럼 우느냐고 물었다. 그러자 비구 승려가 답했다.

죽음은 두렵지 않으나 열반할 수 없게 되었기에 웁니다. 출가하기 어려운데 나는 이미 출가했고, 부처님을 만나기 어려운데 나는 이미 부처님을 만났습니다. 다만 아직 진리를 깨닫지 못한 게 슬픕니다.

아무도 감옥에서 살아나가지 못한다는 기리카의 말에 비구는 한 달만 살려달라 부탁했다. 기리카는 일주일만 살려주겠다고 했다. 약속된 일주일이 지났다. 그 사이 비구는 깨달음을 얻고 아라한과에 도달한 상태였다. 기리카는 큰 가마솥에 피고름, 골수, 똥, 오줌을 가득 채우고 비구를 그 한가운데 앉혔다. 장작을 태워 비구를 삶으려 했는데, 어찌된 것인지 장작에 불이 안 붙었다. 이렇게 저렇게 아무리 애를 써도 오물로 가득 찬 가마솥은 끓지 않았다. 기리카가 가마솥 안을 보니 비구가 연꽃 위에 가부좌를 하고 앉아 있었다. 기리카는 이 기적적인 일을 왕에게 보고했다. 아쇼카왕이 수많은 사람들을 거느리고 이 놀라운 일을 직접 보러 감옥에 왔다. 그때 비구는 가마솥 안에서 걸어 나왔다. 오물이 가득한 솥에서 나왔음에도 비구의 옷은 깨끗하였다. 비구의 몸이 하늘로 치솟으며 사람들 앞에서 온갖 신기한 변화를 보였다. 왕은 신기하면서도 자연스레 공경하는 마음이 생겼다. 비구가 아쇼카왕을 바라보았다.

"왕께서는 전생에 부처님을 만난 적이 있습니다. 그때 부처님은 당신이 다시 태어나 아쇼카라는 이름의 성스러운 왕이 될 것이며 부처님의 사리로 팔만 사천 개의 탑을 세우리라고 예언하셨지요. 그런데 왕은 어찌 이렇게 잔인하게 사람들을 괴롭히고 생명을 빼앗는 것입니까?"

그렇다. 아쇼카왕은 기억하지 못하지만 그는 전생에 고타마 붓다를 만난 적이 있다. 붓다가 라자그리하에 탁발하러 갔을 때 자야(Jaya)와 비자야(Vijaya)라는 두 소년이 길에서 흙을 가지고 집과 곡식 창고를 만들며 놀고 있었다. 자야는 붓다를 보고 마치 그것이 음식물이라도 되는 것처럼 한 줌의 흙을 공손히 드렸다. 비자야도 자야를 따라서 흙을 공양하듯 드렸다. 붓다는 옆에 있던 제자 아난다에게 이렇게 말했다.

"아난다야. 내가 죽은 후 백 년 후에 자야는 아쇼카라는 성스러운 왕이 되어 전 인도를 통치하면서 팔만 사천 개의 탑을 세울 것이다. 비자야는 아쇼카왕의 대신(大臣)이 될 것이다."

그 이야기를 듣고 아쇼카는 지난날이 부끄럽고 괴로웠다. 어쩌면 아쇼카는 백여 명의 이복형제들을 살해하고 왕좌를 차지하고도 그 왕좌가 본래는 자신의 자리가 아니라는 생각에 불안했을지도 모른다. 그런데 비구는 그가 전생부터 왕이 될 운명이었다고 한다. 그것도 수많은 살생을 저지른 잔인한 그가 사실은 성스러운 왕이 될 운명이라고 한다. 그렇다면 이제 그는 자신이 살기로 예정된 바로 그 삶을 살아야 하지 않을까?

사르나트의 아쇼카왕 돌기둥 일부 ⓒ박근재

이후로 아쇼카는 달라졌다. 지난날을 참회하고 재가 신도로서 불교에 귀의했다. 바위

칙령은 아소카왕이 과거, 특히 칼링가에서 저지른 일을 후회하고 몹시 괴로워하며 비통하게 여겼다고 기록하고 있다. 그리고 뼈저린 후회를 한 후 그가 열렬하게 다르마(dharma, 法)를 사랑하고 이에 근거한 통치를 하게 되었다고 한다. 그는 무력으로 정복하는 왕이 아니라 다르마로 정복하는 왕이 되었다. 그것은 정복된 곳의 사람들을 죽이고 괴롭히는 것이 아니라 그들의 복지와 행복을 살피는 통치였다. 그는 더 이상 이웃 나라에 고통과 죽음을 주는 왕이 아니었다. 다른 나라 사람들의 생명도 소중하게 여겼으며 칼 대신 다르마

사르나트 아쇼카 돌기둥 꼭대기의 사자상. 인도의 국장 (國章)으로 사용됨.
출처: Wikimedia Commons/ Chrisi1964
https://commons.wikimedia.org/wiki/File:Sarnath_capital.jpg

를 전파하고 함께 평화롭게 공존하고자 하는 왕이었다.

그렇다면 다르마란 무엇인가? 법(法)으로 한역(漢譯)되는 다르마는 인도에서 법칙, 진리, 윤리 등 다양한 의미로 사용되는 단어이다. 불교에서 다르마는 우선 붓다가 깨달은 진리를 가리킨다. 그 외에 다르마는 심리적 대상, 현상, 존재 등 맥락에 따라 여러 의미로 사용된다. 아쇼카왕은 출가 비구는 아

니었지만 열렬한 재가 불교도였다. 라마그리마의 탑을 제외한 최초의 일곱 개의 탑에서 붓다의 사리들을 꺼내어 그 사리들로 팔만 사천 개의 탑을 인도 전역에 세웠다. 또한 붓다가 탄생한 룸비니 동산, 출가한 카필라바스투, 깨달음에 이른 보드가야, 첫 설법을 한 바라나시, 기적을 행한 슈라바스티, 신(神)들과 함께 도리천에서 내려온 상카샤, 열반에 든 쿠시나가라를 방문하고 그곳에 돌기둥과 탑을 세웠다. 불교 유적지에 세운 돌기둥에는 붓다를 기리고 불교를 찬탄하는 내용을 새겼다. 그러나 아쇼카는 다른 사람들에게도 불교만을 강요하지는 않았다. 공평하게 다른 종교들을 대했다. 따라서 한 나라의 군주로서 바위에 새긴 칙령들에 다르마라는 표현을 썼지만, 이것은 불교적 진리나 가르침만을 가리키는 것은 아니다. 특정 종교를 떠나 누구나 마땅히 따르도록 독려할 만한 보편적인 도덕 법칙을 의미한다.

사람과 동물, 모두의 건강과 행복을 위하여

아쇼카왕이 달라지게 된 계기를 말해주는 앞의 이야기들은 허구와 신화적인 윤색이 더해진 것으로 보인다. 그러나 그가 바위와 돌기둥에 새긴 담마칙령은 수천 년의 세월이 지난 지금까지도 남아서 그의 통치가 실제로 어떠했는지 알려준다. 여기에서는 그 담마칙령에 바탕하여 그의 이후 행적을 살펴보겠다. 과거 그는 수많은 사람의 생명을 빼앗고 고통을 주었다. 그러나 뼈저린 참회 후 그의 권력은 모든 살아 있는 존재들의 이익과 행복을 위한 수단이 되었다. 아쇼카왕은 바위에 이렇게 새겼다.

온 세상의 복지를 증진시키는 것보다 더 훌륭한 일은 없다. 어떤 종류의 노력을 기울이든지 그것은 모든 살아 있는 존재들에게 내가 진 빚을 갚기 위한 것이며, 그들에게 이 세상에서 행복을 주기 위한 것이고, 그들이 내생에 좋은 곳에 가게 하기 위한 것이다.

아쇼카왕은 자신이 다스리는 동안만이 아니라 아들, 손자, 증손자들도 모두 계속해서 이 칙령을 따르기를 바라며 바위에 깊게 새겼다. 그는 스스로 세상에 빚졌다고 생각했다. 수많은 생명을 빼앗은 빚이다. 빚을 갚기 위해 아쇼카왕은 열성을 다했다. 그는 식사 중이거나 여인들의 처소에 있거나 침실에 있을 때도, 산책하거나 농장에 있거나 마차에 있거나 정원에 있을 때도 자신이 어디에 있든, 그리고 언제라도 그가 처리해야 할 국정 관련 일을 보고하라고 했다. 그는 언제 어디서나 사람들의 일에 관심을 가지고 신속하게 일을 처리하고 싶었다.

아쇼카왕은 붓다의 여정을 따라 순례 여행을 했다. 그러나 불교만을 편애하지는 않았다. 그는 브라흐만과 다른 종교의 수행자들도 방문하고 그들에게 공경을 표했으며 보시했다. 그는 이제 칼로 정복하는 길을 택하지 않았다. 다르마로 정복하는 것이야말로 가장 훌륭한 정복이며 진정한 정복이다. 그것은 아무도 죽거나 고통스럽지 않고 빼앗기지도 않고 평화롭게 서로의 이익을 도모하며 모두가 행복하게 공존하는 길이다.

그런데 아쇼카왕이 복지와 이익을 주고자 하는 대상은 사람만이 아니었다. 그는 동물의 생명과 건강도 염려했다. 당시는 동물을 바치는 희생제를 드리고, 왕들이 취미로 동물 사냥을 즐기던 때였다. 그러나 왕은 사냥 대신 순례 여행을 택했으며 생명을 보호하려 했다. 한 담마칙령에서 아쇼카왕은 수탉을 거세하지 말고 살아 있는 존재를 죽이기 위해 숲을 불태우지 말라고 한다. 또 동물에게 다른 동물을 먹이로 주지도 말라고 명한다.

그가 펼친 공공복지사업에서도 사람과 동물 모두를 위하는 그의 마음과 노력이 보인다. 아쇼카왕은 사람과 동물이 그늘에서 쉴 수 있게 길을 따라 보리수나무를 심고 숲에 망고나무를 심었다. 우물을 파고 휴게소를 만들었으며, 여기저기에 물 마시는 곳을 만들어 사람과 동물이 이용할 수 있게 했다. 그는 사람을 위한 의료 시설뿐만 아니라 동물을 위한 의료 시설도 설립했다. 사람과 동물에게 필요한 약초가 없는 곳에는 약초를 구해 심게 했다. 희생 제의를 위해 동물을 도살하는 것을 금지했으며 동물에게 폭력을 가하지 못하게 했다. 왕의 식탁에 올리기 위해 매일 많은 동물들이 도살되었는데, 아쇼카왕은 즉위 11년부터 공작 두 마리와 사슴 한 마리로 도살하는 동물의 종류와 수를 제한했다. 그러다가 나중에는 왕궁의 식탁에 올리기 위한 도살을 모두 금지했다.

칼이 아니라 다르마, 즉 도덕으로 나라를 다스리는 게 가능할까? 사람뿐만 아니라 동물도 돌보는 것, 게다가 바로 그 동물의 생명과 건강을 위해 그들을 돌보는 것이 가능할까? 나와 타자의 경계선은 긋기 마련이다. 아쇼카는 모든 사람을 자신의 친자녀처럼 여김으로써 자신과 다른 사람 사이의 울타리를 허물었다. 그리고 허물어진 울타리 안에 동물들도 점점 들었다. 모든 살아 있는 존재들의 범주 안에서 사람과 동물은 '우리'이다.

아쇼카가 돌기둥을 세우기도 한 붓다의 첫 설법지 사르나트에는 붓다의 전생과 관련된 흥미로운 이야기가 전해진다.

사르나트의 불탑(다메크 스투파) ⓒ박근재

오랜 옛날 사르나트는 오백 마리의 사슴들이 무리를 지어 사는 사슴동산이었다. 무리를 이끄는 사슴왕은 아름다운 황금빛 털을 가진 늠름한 사슴이었다. 당시에 인간들의 왕은 사슴고기를 좋아했다. 그래서 매일 사슴동산에 와서 활로 한 마리씩 사냥을 해서 잡아갔다. 인간 왕이 사냥하러 나타나면 사슴들은 두려움에 이리 뛰고 저리 뛰었다. 그러면서 한 마리씩 화살에 맞아 죽었다. 빗나간 화살에 다쳐서 피를 흘리며 고통스러워하는 사슴들도 있었다. 이 모습이 안타까웠던 사슴왕이 무리를 불러 모아 이렇게 말했다.

"우리 동료들이 다치고 피를 흘리는 것을 보는 것보다 우리 스스로 차례를 정해서 죽음을 맞는 것이 어떻겠는가?"

사슴들은 그게 차라리 낫겠다고 했다. 사슴왕이 대표로 인간 왕에게 가서 자신들의 뜻을 밝혔다.

"저희는 이제 순서를 정해서 차례대로 죽겠습니다. 그러니 사냥을 멈춰 주십시오."

왕은 사슴왕의 제안에 동의했다. 더 이상 사냥은 없었고 언제 죽거나 다칠지 몰라 불안에 떠는 일이 없었다. 자기 차례가 되면 담담하게 사슴들은 죽음을 받아들이고 제 발로 걸어 나갔다. 그러면 요리사가 와서 차례가 된 사슴을 잡아갔다.

그런데 하루는 새끼를 밴 암사슴 차례가 되었다. 암사슴은 사슴 무리 앞에서 눈물을 흘렸다.

"제가 죽는 것은 아무렇지도 않습니다. 그러나 제 뱃속에 든 아이까지 죽게 둘 수는 없습니다. 제발 누가 차례를 바꿔주시면 안 될까요?"

자타카의 사슴왕 이야기(Nigrodha Miga Jātaka)를 묘사한 바르흐트(Bharhut)의 부조
출처: Wikimedia Commons/G41rn8, (https://commons.wikimedia.org/wiki/File:Ruru_Jataka.jpg)

그러나 안타까운 마음이 들면서도 사슴들은 단 하루라도 더 살고 싶었다. 그때였다.

"내가 당신 대신에 이번에 죽겠소."

암사슴 앞에 대신 죽겠노라 나선 것은 황금빛 사슴 왕이었다.

인간 왕은 늠름하고 아름다운 그 황금빛 사슴을 아껴왔다. 그래서 평소에도 그 사슴만큼은 다치지 않게 사냥할 때도 조심했고 다른 이들에게도 주의시켰다. 그렇기에 처형대 위에 죽음을 기다리고 있는 황금빛 사슴을 보고 요리사는 깜짝 놀랐다. 요리사는 왕에게 달려가 이 사실을 고했다. 인간 왕은 황금빛 사슴을 불렀다.

"나는 너만은 죽일 생각이 없었다. 그런데 어찌하여 여기에 와서 죽으려고 기다리고 있느냐?"

"왕이시여, 오늘은 새끼를 밴 암사슴의 차례였지만 제가 대신 죽고자 합니다."

인간 왕은 가슴이 뭉클했다.

"나는 사람들 중에서도 그대처럼 깊은 자비심을 가진 자를 본 적이 없다. 그대로 인하여 내가 눈이 뜨이는 것 같구나. 가거라, 너와 암사슴의 목숨을 살려주마."

그러나 사슴 왕은 자리를 뜨지 않았다.

"왕이시여, 우리 둘은 목숨을 건진다 해도 다른 사슴들의 목숨은 어찌 되겠습니까?"

"좋다. 다른 사슴들의 목숨도 살려주겠다."

왕은 큰 양보를 했지만, 사슴 왕은 여전히 자리를 뜨지 않았다.

"왕이시여, 폐하의 자비로 우리 사슴 무리는 죽음을 면할 수 있게 되었습니다. 그러나 다른 동물들은 어찌 되겠습니까?"

"좋다. 다른 동물들의 목숨도 보호해 주겠다."

그러나 사슴 왕은 여전히 자리를 떠나지 않았다.

"거룩하신 왕이시여, 죽기를 싫어하고 살기를 좋아하는 것은 생명이 있는 모든 생물들의 한결같은 마음입니다. 하늘을 나는 새와 물속을 헤엄치는 물고기의 생명도 보호해 주십시오."

인간 왕은 사슴 왕의 이야기를 듣고 묵묵히 생각해 보았다.

'사람은 누구나 살고 싶고 죽기를 싫어한다. 육지를 걷는 동물도, 하늘을 나는 새도, 물속을 헤엄치는 물고기도 사람과 다르지 않구나. 다른 사슴을 살리기 위해 자기의 목숨도 내놓으려 하는 사슴 왕이야말로 보살의 자비심을 가졌다. 남에게서 무엇을 뺏어오는 삶이 아니라 남에게 무엇인가를 베풀어 줄 수 있는 삶만이 평화로운 세계를 가져다 줄 것이다.'

오랜 침묵 끝에 인간 왕이 마침내 입을 열었다.

"내 오늘부터 육지와 하늘과 물속의 모든 살아 있는 동물의 생명과 안전을 보장하겠노라."

그제서야 황금빛 사슴은 왕에게 고개를 숙여 인사하고 돌아서 왕궁을 나왔다. 황금빛 사슴과 사슴 동산의 모든 사슴들, 하늘과 땅과 물의 모든 동물들은 그 이후로 평화로운 세계에서 안전하게 살아갔다.

불교는 우리가 이번 생만 산 게 아니라고 한다. 사슴 왕 이야기를 들려주며 붓다는 마지막에 전생에 자신이 사슴 왕이었으며, 제자인 아난다가 인간 왕이었다고 한다. 그러나 사냥을 즐기다가 사슴 왕을 만나 생명을 소중히 여기고 보호하게 된 인간 왕은 비구 승려를 만나 살아 있는 존재들의 이익과 복지를 위해 살기로 결심한 아소카왕을 닮았다. 혹은 그가 귀의한 불교에 담겨 있는 이런 이야기들이 아소카왕을 변화시켜 나갔을 것이다. 윤회설이 과연 불교의 무아론과 조화를 이룰 수 있는지의 문제는 고금을 통해서 늘 논란거리였다. 영속성을 갖는 아트만, 즉 자아가 없는데 무엇이 윤회를 하며 생과 사를 거듭하냐는 것이다. 그러나 이러한 문제를 떠나서 우리가 이번 생만 사는 것이 아니라는, 이미 수많은 생을 살았다는 이야기가 가져오는 윤리적 효과가 있다.

전생에 붓다를 만나 흙공양을 했다는 이야기는 아쇼카왕을 지난날의 과오를 참회하고 성스러운 왕으로 거듭나도록 이끌었다. 그런데 아쇼카가 여러 생을 이미 살았다면 붓다를 만난 전생만 있었을까? 그는 바위에 새긴 각문에서 모든 사람을 자신의 자녀처럼 여긴다 했다. 어쩌면 수많은 전생에서 실제로 많은 이들이 그의 아들, 딸이었을 것이다. 불교에 의하면 윤회의 과정에서 우리는 사람만이 아니라 동물로도 태어나며, 동물이 사람으로도 태어난다. 그러니 사람만이 아니라 동물들도 그의 아들, 딸이었을 것이다. 기억하지 못하는 전생들에서 얼마나 많은 사람과 동물이 우리의 아들과 딸이었을까? 또한 앞으로 이어질 생에서 얼마나 많은 이들이 우리의 사랑스러운 아들, 딸이겠는가? 불교의 윤회설은 지금은 나와 무관한 듯 보이는 타자들, 때로는 적대하고 혐오하는 그 타자들이 거듭된 삶과 죽음 속에서 언젠가 한 번쯤은 소중하고 사랑스러운 내 부모, 내 아이였을 수도 있다는 생각을 하게 해 준다.

저 개는 나쁜 개다[*]
— 공수병에 대한 방역과 정치

박성호

[*] 이 글은 2021년 9월 11일 개최된 동아시아도시사학회-경희대학교 HK+통합의료인문학연구단 공동개최 국제학술대회 〈도시와 공중보건-도시사와 의료인문학〉에서 발표되었던 「광견병 방역을 위한 위생 담론의 형성과 전유: 1909년 축견단속규칙을 중심으로」의 내용을 참고로 하여 작성된 것임.

박성호_ 경희대학교 인문학연구원 HK+통합의료인문학연구단 HK연구교수. 고려대학교 국어
국문학과 및 동 대학원 졸업.
대표저서로 『예나 지금이나』(2016, 그린비), 『화병의 인문학 근현대편』(2020, 모시는사람들),
『의료문학의 현황과 과제』(2020, 모시는사람들) 등이 있다.

동물에서 사람으로, 인수공통감염병

"저 새는 나쁜 새다."

중국 현대사에 별로 관심이 없는 사람도 한 번쯤은 접해 보았을 법한 말이다. 현재의 중국, 즉 중화인민공화국을 세운 인물로 유명한 마오쩌둥(毛澤東)이 1955년에 했던 말이다. 당시 농촌 현지지도를 나갔던 마오쩌둥은 참새를 발견하고는 손가락으로 가리키면서 해로운 새라고 지목했는데, 이 말에서부터 출발했던 것이 바로 제사해(除四害) 운동, 즉 '해로운 네 가지 것들을 제거하는 운동'이었다. '해로운 네 가지 것' 중 하나로 지목된 것이 참새였고, 이 제사해 운동의 결과로 중국에서 참새는 거의 멸종되다시피 한다. 물론 그 결과는 제사해 운동을 지시한 마오쩌둥이 기대했던 것과는 사뭇 달랐지만 말이다.

제사해 운동은 농업 진흥을 목적으로 시행된 대규모의 살처분 정책이었지만, 비단 농업생산량 제고를 위해서만 이런 일이 벌어지지는 않는다. 동물에 대한 대규모의 살처분은 보통 감염병과 관계가 깊을 때가 많다. 조류

인플루엔자(AI) 방역을 위해 닭이나 오리 등의 가금류를 대규모로 살처분했다는 뉴스는 우리에게도 꽤 익숙하다. 이러한 살처분으로 인해 계란 가격이 급격히 올랐다거나, 혹은 AI에 대한 두려움 때문에 사람들이 닭고기 소비를 꺼려해서 치킨 관련 업계가 타격을 입었다거나 하는 이야기도 그렇다.

사실 인간이 겪는 대규모의 감염병들 중 상당수는 동물과 밀접한 관련이 있다. 중세 유럽을 휩쓸었던 페스트는 쥐에 의해 전파되었다. 몇 년 전 한국을 떠들석하게 했던 중동호흡기증후군(MERS)은 낙타와 관계가 깊었다. 감염병에 관심이 없는 사람도 한 번쯤은 이름을 들어 봤을 법한 에볼라나 에이즈 역시 유인원과 밀접하게 연결된 것으로 알려져 있다. 현재 알려진 모든 감염병 중 약 60퍼센트가 동물과 인간 사이를 일상적으로 왕래하거나, 혹은 최근 들어 그와 같은 감염 경로가 확립된 질병들이다.(데이비드 쾀먼, 28)

이처럼 동물로부터 인간에게 옮겨갈 수 있는 감염병을 '인수공통감염병'이라고 한다. 사람[人]과 동물[獸] 공통으로 전염될 수 있는 감염병이라는 뜻이다. 인수공통감염병은 그 종류도 무척 많고 역사 또한 깊다. 그리고 현재에도 계속해서 나타나는 신종 감염병들은 보통 인수공통감염병에 속한다. 오늘날 전 세계를 떠들썩하게 하고 있는 COVID-19 역시 코로나 바이러스의 변종이라는 점에서 인수공통감염병일 가능성이 제기되고 있는 형편이다.

이런 인수공통감염병 중에서 매우 오랜 역사를 가지고 있으면서 또한 우리에게도 매우 친숙한 병이 하나 있다. 이것이 정확하게 어떤 병인지는 몰라도 누구나 한 번쯤 이름은 들어보았을 법한 병, 바이러스성 감염병 중에서는 가장 이른 시기에 백신이 발명되었기에 에이즈나 에볼라와 같은 공포

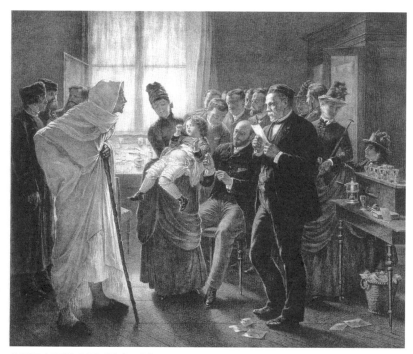

파스퇴르가 광견병 백신을 실험하는 장면-Wikimedia Commons
https://commons.wikimedia.org/wiki/File:Rabies_vaccination_in_Pasteur%27s_clinic_in_Paris._Lithograph_
Wellcome_V0006860.jpg

를 유발하지는 않지만, 알고 보면 아직까지도 100%에 가까운 치명률을 보이고 있는 무서운 병, 우리에게는 광견병이라는 이름으로 더 잘 알려져 있는 '공수병'이 그것이다.

1909년판 반려동물 등록제, '축견단속규칙'

공수병 또는 광견병은 공수병 바이러스(Rabies Virus, Lyssiavirus)에 감염되어 걸리는 질병이다. 광견병이라는 명칭 때문에 개에게서 나타나는 질병이라 오해하기 쉽지만, 사실 박쥐나 너구리, 스컹크, 여우와 같은 야생 포유류를 통해서 감염되는 것이 일반적이다.(미국 질병관리본부, 공수병 항목) 같은 바이러스이지만 개에게서 나타날 때에는 광견병, 사람이 발병하는 경우에는 공수병으로 부른다. 야생동물과 접촉 없이 집에서만 키우는 개에게서는 광견병이 나타나는 경우가 별로 없다. 다만 야생동물과의 접촉을 거쳐서 사람에게 공수병을 일으킬 가능성이 가장 높은 동물인 까닭에 개는 광견병을 나타내는 가장 상징적인 동물로 자리매김했다.

공수병은 여러 감염병 중에서도 다소 독특한 병이다. 현재로서는 백신도 발명된 상태고, 설령 백신을 맞지 않았더라도 본격적으로 발병한 상태만 아니라면 어렵지 않게 치료가 가능하다. 그러나 가시적인 증상이 나타나기 시작하면 손쓸 도리가 없다. 이 단계에서는 100%에 가까운 치명률을 보인다. 사실 감염병 중에서 이 정도의 강력한 치명률을 보이는 경우는 별로 없다. 감염된 사람이 죽으면 그 안에 살고 있던 바이러스 또한 죽기 때문이다. 바

畜犬團束規則 內部에서는今番
에畜犬團束規則을製定하얏다는디
其內容을聞호즉 一、犬을飼育하는
者는自己의氏名을革이나或金屬으
로製혼頸環이나標札을犬体에繼附
홀事 一、標札이나無혼者는野犬으
로認定호야撲殺홀事 三、狂犬病에罹
혼犬은即時撲殺홀事 四、狂躁呱哮
하거나或人畜을咬傷홀念慮가有혼
者는堅固혼口輪이나繫鎖를施홀事
五、第三條第四條에違反하는者에
게는五圜以下의罰金에處홀事

《황성신문》에 게재된 축견단속규칙 시행 기사

이러스가 살아남기 위해서는 숙주를 가급적 오래 살려둔 상태에서 다른 숙주로의 전파, 즉 '전염'을 통해서 퍼져나가야 하는데, 공수병 바이러스처럼 압도적인 치명률을 가지게 되면 이런 부분에서는 오히려 불리해진다.

하지만 공수병 바이러스는 여전히 존재한다. 숙주가 죽기 전에 다른 숙주로 옮겨가는 방식을 통해 오랜 시간 세대를 이어오는 데 성공했다. 개나 여우, 너구리 등의 뇌에 침투해서 공격적인 행동을 유발하고, 동시에 이들의 침샘에도 이동해서 다른 생명체를 물어뜯는 과정에서 타액을 통해 새로운 숙주로 이동한다.(데이비드 쾀먼, 372) 치명률이 높으면 전염성은 약해진다는 게 사람들의 통념이지만, 공수병 바이러스는 이러한 통념으로부터 다소 벗어나 있다.

공수병을 일으키는 바이러스의 실체가 확인된 건 1962년의 일이다. 바이러스가 워낙 작은 까닭에 일반적인 현미경으로는 볼 수 없으므로, 전자현미경이 발명된 후에야 비로소 그 존재를 확인할 수 있었던 것이다. 하지만 정작 공수병 백신은 그보다도 훨씬 앞선 1885년에 파스퇴르에 의해 만들어졌다. 당시의 기술적인 한계로 인해 파스퇴르는 공수병 바이러스를 직접 확인할 수는 없었지만, 대신 토끼를 대상으로 한 실험을 통해서 독성을 안정화시킨 공수병 백신을 만들어내는 데에는 성공했다.

이처럼 이른 시기에 백신이 발명된 만큼 대응하기 쉬운 감염병이라고 생각하기 쉽지만, 공수병에 대처한다는 건 생각 외로 쉽지 않았다. 일단 공수병에 걸린 동물에게 물린다고 해서 100% 감염이 되는 것도 아니다. 얼굴 주위를 여러 번 심하게 물렸을 때 80~100% 정도이지만, 한번 물린 정도로는

40%를 밑돌았다. 또한 공수병은 잠복기가 길어서 보통은 20~90일 정도이지만, 심한 경우에는 19년 후에 발병했다는 사례가 보고된 적도 있다. (서울아산병원 질환백과)

개가 사람을 물었다고 해서 반드시 광견병과 관계가 있으리라고 볼 수도 없고, 거꾸로 개가 아니라 다른 야생동물과의 접촉을 통해서도 공수병에 감염될 수 있다. 게다가 잠복기도 길고 징후나 증상 또한 특이하다고 볼 수 없어서 공수병이 만연한 지역이 아니라면 설령 증상이 발현되더라도 공수병임을 의심하거나 진단하기가 쉽지 않다. 더 큰 문제는 앞서도 말했듯이 이미 증상이 발현된 이후라면 백신으로도 대응할 수 없다는 점이다. 한국에서도 1999년부터 2004년 사이에 산발적으로 6명의 환자가 발생하였는데, 이들 모두 공수병에 감염된 후 적절한 시기에 치료를 받지 못해서 사망했다. (질병관리청, 44쪽)

사실 현 시점에서는 사전에 백신 접종만 확실히 한다면 공수병의 유행을 크게 염려할 필요는 없다. 특히 야생동물과의 접촉 가능성이 낮은 도심지에서라면 더욱 그렇다. 지금은 반려견에게 광견병 백신을 접종하는 것으로 감염을 사전에 차단할 수 있다. 그러나 1세기 전에는 사정이 많이 달랐다. 지금처럼 도시화가 본격화된 시대도 아니었고, 야생동물의 개체수도 훨씬 많았다. 아직 한반도 곳곳에 호랑이가 서식하던 시절이니 너구리나 박쥐 같은 공수병 바이러스 보유 숙주들은 말할 것도 없다. 당연히 개들이 광견병을 일으킬 가능성도 지금보다 훨씬 높았다. 반면에 백신은 아직 보급 전이었고, 동물병원 같은 것도 보편화되기 전이었다. 이런 상황에서 공수병에 대응하려면 다른 방법이 필요했다.

그것은 바로 개의 소유주를 명확하게 하는 것이었다. 소유주가 명확해져야 동물에 대한 책임 소재도 확실해지고, 공공기관에 의한 방역과 통제 또한 효력을 발휘할 수 있기 때문이었다. 국민에 대한 관리와 통제를 위해 호적 제도를 정비하고 개개인의 신분을 확인하는 것처럼, 동물에 대해서도 이러한 '호적'의 정비가 필요해졌다. 개들의 소유주 여부를 명확하게 가려낸 후에 이에 해당하지 않는 들개의 개체수를 억압하는 방식을 통해 공수병 확산을 사전에 통제할 필요가 있었다는 것이다.

1909년 6월 대한제국의 내부(內部, 오늘날의 행정안전부)에서 '축견단속규칙(畜犬團束規則)'을 내놓게 된 배경도 여기에 있었다. 한자어라서 말이 좀 어려운데, 뜻을 풀어서 쓰면 '개를 키우는 일에 관련된 규칙' 정도이다. 실제 당시 신문에서도 한자에 익숙하지 않은 독자들을 위해 "개 기르는 규칙"이라고 설명하기도 했다. 사실 여태까지는 개를 기르는 일에 대해 정부에서 일일이 규칙을 만들어서 간섭하는 일 같은 건 없었다. 공수병 유행에 대응하기 위해 조직적으로 방역에 나서는 일 자체가 신문물에 속했다.

그런 점을 감안해서인지는 알 수 없지만, 이 축견단속규칙의 내용은 비교적 간단했다. 자신이 키우는 개에게는 목줄을 걸고 거기에 나무판을 달아서 주인의 이름을 적어 두어야 한다. 만일 목줄을 하지 않은 개가 발견될 시에는 야견(野犬), 즉 주인이 없는 들개로 판단하고 잡아서 살처분한다. 다만 목줄을 달고 있더라도 광견병에 걸린 것이 확실하면 즉시 살처분하며, 설령 광견병에 걸린 게 아니라고 해도 평소 자신의 개가 사람이나 다른 동물을 물 것 같은 공격성을 띠고 있다고 하면 입마개를 씌워서 교상(咬傷, 물린 결과로 발생하는 상처)을 일으키지 않도록 하라는 것이었다. 특히 광견병 문제와 직결된 항목에 대해서는 위반자에게 5원의 벌금을 부과하겠노라고 하였다. 자신의 개가 광견병에 걸렸거나, 혹은 감염 여부가 불확실하더라도 다른 사람을 물 정도의 공격성을 지닌 상황에서 주인이 이를 관리하지 않고 방치하는 행위에 대해 책임을 묻겠다는 것이었다.

얼핏 보면 오늘날의 반려동물 등록제와도 비슷한 것 같다. 지금도 반려견에는 목줄을 채우거나 인식칩을 삽입하게 되어 있고, 만일 이를 지키지 않을 경우에는 주인에게 과태료를 부과하게끔 되어 있으니 말이다. 하지만 현재의 반려동물 등록제가 반려동물에 대한 유기나 학대 등으로 인해 발생하는 여러 문제들을 보완하려는 목적에서 실시되고 있는 반면, 1909년 축견단속규칙은 공수병에 대한 방역 활동에 초점을 맞추고 있었다는 점에서 근본적인 차이가 있었다. 세부조항에서 공수병과 관련된 사항을 직접 다룬 것도

《대한매일신보》에 실린 '보익환' 광고. 중앙에 약 이름과 함께 가격이 표시되어 있다.

그러하거니와, 이 항목에 대해서는 위반자에게 따로 벌금을 부과한 것 역시 이런 측면을 잘 보여준다.

사실 목줄을 하지 않은 데 대해서는 주인에게 따로 가해지는 처벌은 없었다. 개의 주인이 누구인지를 명확하게 하려는 것 자체가 목적이 아니라, 들개가 사람이나 다른 동물을 물어서 공수병을 옮기는 일을 막는 것이 주된 목적이었기 때문이다. 행정당국 입장에서는 목줄을 하지 않은 채 돌아다니는 개들은 살처분한다는 원칙만 지키면 충분하다고 생각했던 듯하다. 공수병이라는 감염병이 있다는 것도 알았고 백신도 존재했지만, 정작 공수병 바이러스 자체는 발견되기 이전이었으므로 어떤 개가 광견병에 걸렸는지를 가려낼 만한 진단 방법은 없었다. 물론 광견병 증상이 나타나기 시작한 상태라면 육안으로도 확인이 가능하겠지만, 이 시점에서는 이미 사람이나 다른 동물에게 감염시킬 위험이 커지는 데다가 감염을 물리적으로 차단하는 것도 쉽지 않을 터였다. 광견병 증상이 본격적으로 나타나서 극심한 공격성을 띠는 개로부터 안전하게 피하는 일이 쉬울까? 그러니 소유주가 명확하지 않은 개는 '들개'로 간주하고 선제적으로 살처분을 해서 광견병의 확산을 미연에 방지하자는 취지였다.

축견단속규칙은 당시의 의학 지식이나 보건 관련 인프라 수준 등을 고려한다면 비교적 합리적인 방역 제도였다. 지금이야 광견병 백신이 보편화되었고 동물병원 보급률도 높으니 반려견에게 백신 접종을 의무화하는 방식으로 예방책을 마련할 수 있겠지만, 당시만 해도 개 이전에 사람조차도 백신을 맞는다는 개념에 대해 익숙하지 않았다.

방역에 맞서는 문화, 문화와 충돌하는 방역

반려동물 등록제가 실시 중인 2021년 현재에도 이 제도는 아직 완전히 정착되지 않은 상태다. 여전히 많은 주인들이 자신의 개나 고양이를 정식으로 등록하는 일을 꺼려하거나 번거롭게 여기기 때문이다. 특히 시골에서 키우는 개들일수록 이러한 제도의 영향권으로부터 벗어나 있는 경우가 많고, 그때문에 애니멀 호딩(Animal Hoarding: 자신이 감당할 수 없을 만큼의 많은 반려동물을 키우는 과정에서 학대, 방치 등을 자행하는 행위)이나 무분별한 유기로 인한 들개화 등의 문제가 발생하고는 한다. 2020년 4월~6월 사이에 제주도에서 신고된 위험동물 112 신고 319건 중 6~70%가 개였다는 점만 보더라도 이것이 결코 사소한 문제가 아니라는 걸 알 수 있다. (《뉴제주일보》 2020년 7월 19일자)

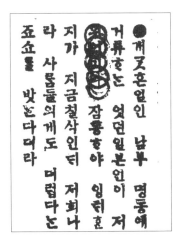

《대한매일신보》 1909년 4월 14일자 기사 「개 같은 일본인」, "어떤 일본인이 저 ■ ■ ■ ■ 잠통하여"라고 되어 있는데, 이 부분을 자세히 보면 "저(의 어미와) 잠통하여"가 원래 기사였음을 알 수 있다.

지금도 이렇게 정착되기 힘든 제도인데 하물며 1세기 전에는 어떠했을까. 쉽게 예측할 수 있겠지만, 1909년의 축견단속규칙은 그다지 효과를 보지 못했다. 애초에 '반려'라는 것에 대한 인식도 희박했던 시대이기도 했고, 이름표를 달지 않은 개는 들개로 간주하여 도살하겠다는 협박 아닌 협박이 그렇게 명확한 강제력을 발휘하기도 힘들었다. 당시 대한제국의 행정 능력을 감안한다면 이 제도를 시행하더라도 정말 들개들을 잡아서 살처분할 만큼의 여력이 있다고 보기도 힘들었다. 신문에는 종종 떠돌아다니는 개를 잡아서 살처분했다는 기사가 실리기는 했지만, 지금처럼 야생동물을 관리하고 통제하는 시스템이 마련되었던 시대도 아니었으니 이런 일들이 체계적으로 시행되리라고 기대하기는 힘들었다.

강제성이 부족한 규제에 그쳤다는 문제도 있었다. 광견병과 직결된 항목에 대해서도 위반자에게는 5원의 벌금을 부과하겠다고 했지만, 이 역시 강력한 처벌이라고 보기는 힘들었다. 당시 이인직의 소설 『귀의성』 단행본이 40전, 미국의 대학병원 의사가 개발했으며 제중원에서 제조 과정을 감사했다고 광고한 '보익환(補益丸)'이라는 약이 10일분 30정에 1원, 1908년 무렵 곡산(谷山)에서 재배한 담뱃잎으로 제조했다고 광고하던 '곡향엽권연(谷香葉卷煙)'이 오늘날의 한 보루 기준으로 80전 정도였다. 이런 관점에서 본다면 5원은 오늘날의 물가 기준으로 보더라도 10만 원에 채 안 되는 금액일 것이었다.

한편으로 생각해보면, 천연두 백신 접종과 같이 사람의 생명과 즉각적으로 연결이 되는 정책조차도 보급과 정착이 수월하지 않았던 것이 당시의 상황이다. 의학적으로도 이미 효과가 검증된 우두법이 존재했음에도 불구하

고 당시 사람들은 접종을 꺼리고 무속적인 수단에 기대고는 했다. 이해조의
소설 「구마검」에서도 이와 관련된 묘사가 잘 나타나 있다.

> "우리 집에 와서 그딴 말 하지도 마오. 우두라 하는 것이 다 무엇인가? 그까
> 짓 것으로 호구별성戶口別星을 못 오시게 하겠군. 우두를 한 아이들이 역질疫疾
> 에 걸리면 별성을 박대한 벌로 오히려 더 중하게 앓는답디다. 나는 아무 때든
> 지 마마께서 우리 만득에게 전좌하시면 손발 정히 씻고 정성을 지극하게 들이
> 어서 열사흘이 되거든 장안에 한골 나가는 만신을 청하고, 입담 좋은 마부나
> 불러 삼현육각三絃六角에 배송 한 번을 적지게 내어볼 터이요. 우리가 형세가
> 없소? 기구가 모자라오?" - 이해조, 「구마검」 중에서

아마 광견병에 대한 인식도 크게 다르지는 않았을 것이다. '미친 개'를 잡
아서 도살한다는 데 대해서는 당시에도 별다른 이견이 없었겠지만, 미친 개
가 발생하는 이유가 공수병 바이러스라는 특수한 병원체 때문이라는 생각
은 아직 보편화되지 않았다. 아직 공수병 바이러스는 발견되지 않은 상태이
기도 했지만, 설령 당시 기술로도 관측 가능한 박테리아 할지라도 이러한
미세생물이 병을 유발한다는 기전이 대중적인 지식으로 확산되려면 좀 더
오랜 세월이 흘러야 했다. 광견병을 일으킨 개를 살처분하는 것은 그렇다
치더라도, 별다른 증상이 없는 자기 개에게 굳이 목줄을 채워서 자신의 이
름을 써넣어야 한다는 것까지 방역 내지는 감염병 예방을 위한 정책의 일환
으로 받아들이기란 쉽지 않았을 것이다.

그러나 가장 큰 원인은 엉뚱한 데 있었다. 사람들이 이 축견단속규칙의 본래 의도보다는 '엉뚱한 요소'에 주목하게 되었다는 점이었다. 이 규칙에 의하면 개의 목줄에 개 이름이 아니라 개의 주인을 쓰게 했는데, 이것이 사람들의 관심을 돌리는 핵심으로 작용했다. 개가 사람 이름을 달고 다니게 된 셈이다. 예컨대 홍길동이 기르는 바둑이라고 하면, 개는 자신의 이름인 '바둑이'가 아니라 주인의 이름인 '홍길동'을 목에 걸고 거리를 돌아다니게 되었다는 것이다. 바로 이 점이 문제였다.

이게 왜 문제가 되었을까. 이걸 이해하려면 당시 사람들이 개를 어떻게 생각했는지를 알아야 한다. 지금도 사람을 개에 빗대는 것은 비하적인 표현으로 통용되지만, 당시에는 그런 경향이 더 심했다. 을사보호조약 당시의 신문에서는 조약 체결에 가담했던 대신들을 두고 "개 돼지 같은 대신놈들"이라는 원색적인 표현을 써서 비난하기도 했고, 또 어떤 기사에서는 개가 하는 짓이 매국노와 비슷하다면서 개를 창밖으로 내던져서 죽게 했다는 이야기가 실리기도 했다. 혹은 자신의 모친과 통간하여 임신하게 만든 어느 일본인에 대한 기사를 내보내면서 아예 제목 자체를 "개 같은 일본인"이라고 달기도 했다.

사정이 이렇다 보니 개의 목에 주인의 이름을 걸게 한 것은 주인 입장으로서는 꺼려질 법한 일이었다. 자기 스스로 "나는 개(같은 사람)"라고 선언하는 격이 될 테니 말이다. 특히 기존 양반 계층의 반감이 심했다. 물론 갑오경장을 기점으로 신분제도 자체는 철폐된 상황이었지만, 어느 사회나 그렇듯이 제도는 사라져도 암묵적인 신분의 구분은 여전히 남아 있었다. 중앙관직으로의 진출을 통해 신분 유지를 꾀하는 기존의 양반층들은 이런 경향이 더욱 강했는데, 주위의 시선과 자신의 체면을 중요하게 여겼던 양반들의 입장에서 개에게 자기 이름을 달고 다니게 한다는 건 상당히 모욕적인 처사였다.

그렇다고 정부에서 시행하는 규칙을 의식적으로 어길 수는 없었던바, 그래서 나름대로 대안이라고 생각해낸 것이 이름 대신 자신의 관직명을 달고 다니게 하는 것이었다. 예컨대 이름이 홍길동이고 관직이 참판이라면 '홍참판'이라고 이름표를 다는 식이었다. 자신의 이름 석 자를 단 개가 버젓이 길거리를 돌아다니는 '최악의 사태'는 일단 피할 수 있었다. 하지만 여전히 남은 문제는 있었다. 실명 대신 관직명을 달고 다닌다고 해도 어차피 그게 누군지 세상 사람들은 다 알더라는 것이었다. 홍길동이든 홍참판이든 세상 사

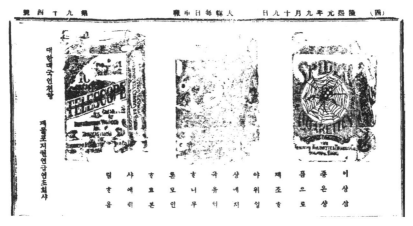

《대한매일신보》의 권연 광고. 당시 신문들은 장죽과 같은 기존의 담배를 도시 위생에 해롭다는 이유로 비판하는 한편, 권연을 적극 홍보하면서 권장하기도 했다. 계몽과 위생은 당시 신문의 주요한 테마 중 하나이기도 했다.

람들이 그게 누구 개인지를 다 안다면, 그래서 그 개를 향해서 "저기 홍참판이 간다"면서 조소한다면 결국 자신의 실명을 걸어둔 것과 별반 다를 바가 없게 된다.

실제로도 이런 일이 있었다. 《대한매일신보》 1909년 7월 22일 자 기사에서는 당시 보국숭록대부(輔國崇祿大夫)를 지내고 있던 민영소(閔泳韶, 1852~1917)가 자신이 키우던 개에게 '민보국'이라는 명찰을 달아놨는데, 이 개가 지나가는 걸 목격한 인력거꾼들이 "저기 민보국이 간다"면서 손가락질하며 비웃었다는 이야기가 실렸다. 민영소로서는 나름대로 규칙을 지키면서도 체면에 손상이 가는 걸 피하고 싶었겠지만 별 효과는 없었던 셈이다. 하긴 보국숭록대부 품계를 받은 민씨 성의 양반이 많으면 얼마나 많았겠는가.

이런 정황 탓인지는 몰라도 축견단속규칙의 제1조항, 즉 개의 소유주가 누구인지를 명확하게 정리해 두는 작업은 큰 성과를 거두지 못했다. 사실 이 조항이 효과를 거두려면 지금의 반려동물 등록제가 그러하듯이 관할 기관에 자신이 키우는 개를 등록하게끔 유도해야 했지만, 당시 대한제국의 행정력을 감안한 탓인지는 몰라도 이런 시도는 아예 이루어지지도 않았다. 이 제도가 시행되는 건 3년 뒤인 1912년의 일이었는데, 조선총독부의 행정력이 어느 정도 정비된 상태였기에 가능했던 정책이기도 했다. 어찌되었든 1909년의 축견단속규칙은 제도 자체의 허점과 더불어 개에 대한 당대의 사회적, 문화적 풍토가 지닌 특수성 등으로 인하여 효과를 기대하기 힘들었다.

하지만 이유는 이뿐만이 아니었다. 사실 기존의 풍토에 반하는 보건 위생 관련 정책은 비단 축견단속규칙만은 아니었다. 도시 위생을 위한 시가지 정비나 배설물의 수집과 처리, 천연두에 대한 백신 접종 등 당시 대중 일반이 공유하던 인식과 충돌을 빚는 정책은 한두 가지가 아니었다. 그런데 이러한 충돌이 나타날 때마다 항상 보건 위생 정책에 힘을 실어주며 사람들을 일깨우려고 애쓰던 존재가 있었다. 《독립신문》, 《황성신문》, 《대한매일신보》와 같은 신문들이 바로 그것이다. 그러나 축견단속규칙에 대해서만큼은 신문사조차도 대하는 태도에 적잖은 차이가 있었고, 이는 해당 정책의 유효성을 더욱 떨어뜨리는 결과를 낳았다. 특히 그중에서도 《대한매일신보》가 그러했다. 다음 절에서 이를 상세히 살펴보고자 한다.

정치적 목적을 위해 전유되는 방역

축견단속규칙에 대한 반발은 이처럼 당시의 문화적, 사회적 풍토와 긴밀하게 맞물려 있었다. 보건과 위생의 중요성에 대해 의문을 품는 사람은 별로 없었지만, 그걸 위해서 기존의 통념과 대치하면서까지 보건과 위생을 추구할 만큼 확고한 지지를 표하는 것도 아니었다. 보건 위생에 대한 강조와 종래의 사회적 관습 사이에는 항상 미묘한 회색지대가 존재했고, 적잖은 사람들이 이 회색지대에서 머무르고 있었다. 말하자면 천연두에 대한 대응책으로서 종두를 접종하는 의료기관과 별성굿을 하는 무속인이 공존했던 시대였다는 것이다.

사실 이런 경우에 보건 위생 쪽에 적극적으로 힘을 실어주었던 것이 당시의 언론이었다. 1900년대의 언론사들은 대체로 보건 위생 문제를 중요하게 다루고는 했다. 보건 위생은 과거의 야만적인 상태로부터 벗어나 문명국에 도달하는 데 필수불가결한 요소라는 게 언론사들의 일반적인 논조였다. 반면 보건 위생 정책에 반하는 행위라면 비록 그것이 기존의 관습화된 영역의 일부거나 혹은 전통적인 의례의 연장선상에 있는 행동이라고 해도 즉각적인 비난의 대상이 되곤 했다.

예컨대 장죽(長竹)에 대한 논조가 그러했다. 장죽은 긴 담뱃대를 가리키는데, 이걸 문 채로 길거리를 돌아다니다가 마주오는 행인과 부딪히는 일이 생기곤 했다. 도로상의 통행량이 적었던 근대 이전이라면 별로 문제가 안 될 일이었지만, 전차나 인력거와 같은 교통수단이 도입되고 도시화가 진행되면서 '교통 흐름에 방해가 되는' 장죽은 신문사들에게 공격의 대상이 되었다. 한편으로는 장죽을 고수하는 사람들의 미개함이 비난의 대상이 되기도 하고, 다른 한편으로는 장죽을 물고 다니다가 누군가와 부딪쳐서 담뱃대에 목이 뚫려 중상을 입는 등의 각종 사고 사례가 기사화되기도 했다. 장죽을 포기하지 않는 사람은 머리를 자르지 않거나 챙이 넓은 갓을 고집하는 등의 완고(頑固)한 부류와 동일시되었다. (박성호·박성표, 58~60쪽)

이런 경향대로라면 축견단속규칙 역시 언론사를 통해서 적극적으로 장려되어야 했다. 이런 규칙을 지키지 않는 사람들을 질타하고, 이러한 규칙이 가져올 수 있는 위생의 효과를 부각시키는 방식으로 말이다. 하지만 현실은 정반대로 나타났다. 축견단속규칙은 오히려 언론사들의 표적이 되었고, 심지어는 적잖은 언론사들이 이 규칙을 매개로 하여 전혀 다른 맥락의 정치적 담론을 형성하는 데 활용하기도 했다.

당시 언론사들에게 축견단속규칙의 본래 의도, 즉 위생과 방역을 위한 들개의 살처분이라는 목적은 관심의 바깥으로 밀려났다. 그보다는 이 규칙이 낳은 현상을 중심으로 하여 정치적 비판 대상을 '개'로 매도할 수 있다는 점이 중시되었다.

앞에서 거론되었던 민영소는 그 대표적인 사례 중 하나였다. 민영소는 이미 갑오경장 이전부터 호조판서, 병조판서 등을 거쳤고 대한제국 수립 이후에도 궁내부 특진관과 학부대신, 궁내부대신, 농상공부대신을 차례로 역임했던 고위급 관료였다. 하지만 1909년 무렵에는 일본관광단의 일원으로 일본을 방문하기도 했고, 한일합병 직후인 1910년 10월에는 일본으로부터 자작 작위를 받고 당시 일본 황실로부터 5만원 가량의 은사공채를 받기도 했다. 당시의 은사공채는 조선총독부가 민심의 이반을 막기 위해서 효자와 열부, 고령의 노인들, 그리고 한일합병에 공로가 있는 자들에게 지급한 것이었으니, 결국 민영소는 한일합병에 적잖은 공헌을 했다는 이야기다. 실제로 민영소는 2002년 발표된 친일파 708인 명단 및 2006년 친일반민족진상규명위원회가 발표한 친일반민족행위 106인 명단 등에 등재된 바 있다.

이런 점을 고려한다면 민영소는 《대한매일신보》 입장에서는 명백한 표적이 될 수밖에 없었다. 《대한매일신보》는 원래 항일 논조로 유명했던 신문이었다. 1905년 을사보호조약 체결 당시에도 여기에 가담했던 대신들을 강하게 비난했는데, 이때에 이미 "법부대신과 탁지부대신 이 두 마리 개[法度兩犬]"라며 아예 대놓고 개라고 지칭하기도 했다. 이런 《대한매일신보》에게 축견단속규칙은 예상치 않았던 호재였다.

화개동에 어떤 개 하나가 박 대신의 팻말을 차고 생각해 보니 평생에 짐승으로 천한 대접을 받다가 하루아침에 인간의 이름표를 단 것도 대단히 영광스러운 일인데 하물며 대신 팻말을 찼으니 그 지체가 훌륭한지라. '어디를 가든 누가 나한테 감히 대적하리오?' 하고 이리저리 돌아다니다가 박동薄洞, 현재의 인사동 일대 골목으로 들어가니 어떤 개 한 마리가 나서서 인사를 하는지라. 대신 팻말을 찬 개가 아니꼬와서 하는 말이 "이놈, 너는 누구냐?" 하니 그 개 하는 말이 "나는 이 동네에 사는 민 보국일세." 하며 서로 호패를 살펴보니…. -《대한매일신보》1909년 9월 25일 자

우화의 한 장면 같지만 엄연히 신문기사로 나갔던 글이다.《대한매일신보》의 「시사평론」 난에 나간 기사인데, 지금으로 치자면 시사만화와 비슷한 성격의 지면이다. 여기서 '박 대신'이라고 거론되는 사람은 다름아닌 박제순(朴齊純), 을사보호조약 체결 당시 외무대신으로서 서명함으로써 을사오적(乙巳五賊) 중 한 명으로 손꼽히는 인물이다. '원래는 천대받는 개였으나 하루아침에 사람 대접을 받게 되었다'는 냉소적인 말에서도 엿보이듯이, 박제순과 민영소 두 사람을 개에 빗대어 비난하는 것이 이 기사의 목적이었다.

이런 기사를 가능하게 했던 것이 바로 축견단속규칙이었다. 이미 인력거꾼들이 보국숭록대부 민영소의 팻말을 차고 다니는 개를 보면서 박장대소했다는 기사도 나갔겠다, 여기에 약간의 양념을 가미해서 박제순(이 키우는 개)과 민영소(가 키우는 개)가 만나서 나눈 대화를 기록하여 전한다는 식으로 기사를 꾸미기에는 안성맞춤이었다. 이러한 방식은 이른바 '단형서사'라는 1900

년대의 독특한 기사 작성 방식으로서 문학과 신문기사의 사이에 존재하면서 정치적 메시지를 효과적으로 전달할 수 있는 수단으로 작동하기도 했다.

결국 공수병 예방을 목적으로 한다는 축견단속규칙의 본래 취지는 희미해져 버렸고, 이 규칙은 별다른 효과를 보지 못한 채 대한제국과 함께 사그라들고 만다. 1909년이면 이미 대한제국이 마지막 숨을 몰아쉬던 시기였으니 이런 보건 위생 정책도 온전하게 실행되기를 기대하기 힘들었겠지만, 그나마도 이러한 근대적인 정책들을 응원하고 보급했어야 할 언론이 오히려 이를 역이용하여 정치적인 메시지를 만들어내는 데 힘을 썼으니 정작 축견단속규칙 자체는 도무지 힘을 받기 어려운 상황이 되어 버린 것이다.

어찌 보면 이는 개라는 우회적인 표상을 통해서 정치적인 의견을 표출할 수밖에 없었던 당시의 불가피한 상황이 낳은 해프닝일 것이다. 1909년 무렵이면 이미 언론 출판 분야의 검열이 강화되면서 정치적인 메시지를 직설적으로 드러내는 것이 수월하지 않게 된 상황이었다. 그나마 《대한매일신보》는 사장이 영국인이라는 점 때문에 동시대의 다른 신문에 비하면 검열로부터 비교적 자유로운 편이기는 했지만, 그조차도 상황은 계속 악화되는 형편이었다. 이럴 때 마침 등장한 것이 축견단속규칙이었고, 그 안에 하필이면 주인의 이름을 적은 팻말을 목에 달게 한 조항이 있었던 것이다.

우연의 일치인지는 모르겠지만, 축견단속규칙은 약 3년 뒤인 1912년이 되어서야 비로소 효력을 발휘하게 된다. 당시 조선총독부 산하 경무총감부령 제5호로 발표된 '축견취체규칙'에서는 1909년과 마찬가지로 주인의 이름을 적은 명패를 개의 목에 걸게 한 것은 물론이려니와, 이번에는 관할 경찰서에 자신이 키우는 개의 종류나 성별, 털 색 등을 상세하게 기록하여 신고해야 한다는 조항까지 덧붙여졌다. 경무총감부의 나가노(中野) 경무관이 축견취체규칙의 의의를 상세히 설명한 내용이 기사화되기도 했고, 개를 키우는 사람들이 준수해야 할 사항을 강조하는 기사들이 여러 차례 신문지상에 실리기도 했다.

이번에는 1909년 때와 같은 반발이나 정치 담론화는 나타나지 않았다. 개에게 자신의 이름을 달게 했다는 이유로 도마 위에 오르거나, 혹은 그러한 일 자체를 부끄러워했다는 식의 증언도 발견되지 않았다. 다만 공수병 예방을 위해 축견취체규칙이 왜 중요한지를 역설하는 총독부 당국의 목소리만 도드라졌을 뿐이었다. 그리고 이러한 목소리를 전파하는 데 주력했던 신문, 당시 한반도 내에서 발간되던 유일한 한국어 일간지이자 총독부의 기관지였던 《매일신보》의 전신은 바로 3년 전 축견단속규칙을 역이용하여 친일 관료들을 비난하는 데 앞장섰던 《대한매일신보》였다. 원래 사장이었던 영국인 어니스트 베델을 몰아내고 비밀리에 《대한매일신보》를 인수한 뒤, 한일합병이 실현되자마자 앞의 '대한'이라는 두 글자를 떼어내고 《매일신보》로 명칭을 바꾸면서 총독부의 기관지이자 유일한 한국어 일간지로 남게 된 것이었다.

우표로 결핵을 퇴치할 수 있다고?

—크리스마스 씰의 역사

이향아

이향아_ 경상국립대학교 사회학과 조교수. 前 경희대학교 인문학연구원 HK+통합의료인문학연구단 HK연구교수. 도시사회학, 역사사회학, (의료)문화사회학을 연구하고 있다.
대표적인 연구는 「전염병 위기 관리하기, 2020년 한국 코로나19 전염병 위기와 국가-사회 관계」(공저) , 『강남 만들기, 강남 따라하기』(공저), 『반포본동: 남서울에서 구반포로』(공저), 『서울, 권력도시』(공역) 등이 있다. 제1회 최재석학술상 우수박사학위논문상을 수상한 바 있다.

크리스마스 씰(Christmasseal)의 역사는 덴마크의 우체국 직원이던 아이날 홀벨(Einar Holbøll)이 크리스마스 시즌 수많이 쌓이는 카드를 보면서 작은 우표 한 장을 덧붙이면 그 금액으로 결핵을 앓고 있는 아이들을 도울 수 있을 것이라고 아이디어를 낸 데에서 시작되었다. 덴마크 왕에게 공식적으로 허가를 받은 뒤, 1904년 처음으로 덴마크에서 크리스마스 씰이 판매되었고, 한 장에 0.02 크론(한화 3.72원) 하는 크리스마스 씰은 그 해에만 4백만 장이 팔려 상당한 수익을 올리게 되었다. 이후 크리스마스 씰은 북서유럽을 거쳐 국제적으로 확산되었다. 미국에서 처음으로 크리스마스 씰 운동이 시작된 것은 1907년이었다. 1907년 미국 델라웨어(Delaware) 지역의 에밀리 비젤(Emily P. Bissell)은 결핵을 앓고 있는 어린이를 위한 병원을 설립하고자 3000달러를 모금하기 위해 처음으로 크리스마스 씰(Christmas Seals)을 판매하기 시작했다.

국내에 크리스마스 씰이 도입된 것은 캐나다 출신의 감리교 선교사였던 셔우드 홀(Sherwood Hall, 1893-1991)이 1932년 발행하면서부터이다. 셔우드 홀 박사는 평양에서 기독병원을 개설한 윌리엄 제임스 홀(William James Hall)과 보구여관(1887년 서울에 설립된 조선 최초의 여성전문 병원)에서 근무했던 로제타 셔우드 홀

(Rosetta Sherwood Hall)의 아들로 1893년 조선에서 태어났다. 남편과 일찍 사별한 로제타는 한성에서 동대문부인병원, 경성여자의학전문학교 등을 설립했다. 로제타는 자신의 통역을 맡았던 식민지 조선 최초의 여의사 김점동과 우정을 쌓아 갔고, 자연스레 김점동과 서우드 홀 모자는 가족 같은 관계를 맺게 되었다. 김점동과 함께 미국 유학길에 올랐던 남편 박유산이 결핵으로 세상을 떠나고, 김점동도 결핵성 늑막염으로 1910년에 세상을 등지게 되자, 서우드 홀은 1928년 해주에 결핵요양원을 설립하고 식민지 조선의 결핵 퇴치에 전력을 다하였다.

서우드 홀 박사는 해주구세요양원을 운영하면서 운영자금 마련과 결핵 예방을 위한 계몽 활동의 일환으로 크리스마스 씰을 제작, 판매하기 시작했다. 1932년 처음 판매된 이 크리스마스 씰은 1장에 2전, 한 묶음에 1원으로 판매되었다. 크리스마스 씰을 판매하기 위해 서우드 홀 박사는 모금용 편지도 함께 발행했다. 매해 발행한 모금용 편지는 주로 당해 연도 씰의 홍보와 도안 내용과 함께 결핵 퇴치를 위한 씰의 판매를 요청하는 내용이 담겨 있었다. 이후, 크리스마스 씰 위원회가 조직되어 당시 황해도 도지사가 명예위원장으로, 서우도 홀이 위원장으로 임명되었고, 조선의료선교사협의회가 씰의 보급을 담당하였다. 당시 최초로 크리스마스 씰을 구매한 사람은 배재학당의 설립자인 아펜젤러로 알려져 있다. 서우드 홀 박사의 동료이자 제자였던 의사 문창모 전 국회의원은 인터뷰에서 다음과 같이 회고했다.

"그것을 파는 방법이 문제였습니다. 여러 가지 의논 끝에 발행위원회 사람

셔우드 홀 박사가 제시한 크리스마스 씰 첫 도안인 거북선(사진 왼쪽) 1932년 첫 크리스마스 씰인 남대문(사진 오른쪽) (출처: 『한국결핵사』, 대한결핵협회, 1998)

들이 일정한 지역을 맡아 가지고 직접 씰을 가지고 가서 팔기로 했는데, 나더러는 평양으로 가서 팔도록 하라는 겁니다. 그날 저녁으로 평양에 가서 자고 아침 일찍 감리교 계통인 광성고보 교장실에 가서 제가 가까이 모시는 교장님께 말씀을 드렸고, 아침마다 모이는 예배시간 때 학생들에게 '첫째 결핵, 즉 폐병은 무서운 전염병으로 집안 식구 중 한 사람이 걸리면 온 식구가 같이 앓게 되는 문질이라는 것과, 둘째, 죽는 우리 국민 4인 중 1인이 이 질병으로 죽어 나라를 망하게 할 위험한 병임을 역설하고, 이 결핵을 치료하고 예방도 해야 할 터인데 환자들의 대부분이 가난해서 그대로 앓다가 죽고 마니 얼마나 불쌍합니까? 라고 말했지요 … 여러 학생들이 이 1전짜리 씰 몇 장씩만 사주면 죽을 수밖에 없는 폐병환자들을 고쳐 살게 하는데 쓸 터이니 좀 많이씩 사달라고 하였더니, 생각했던 것 보다 많이 팔았습니다." - 대한결핵협회, 『한국결핵

사』, 1998, 921쪽

　서우도 홀 박사는 조선에서의 크리스마스 씰은 조선 민중들의 호감을 사
는 친숙한 이미지여야 한다고 생각했고, 그 첫 이미지로 '거북선'을 제시했
다. 그러나 거북선 도안은 당시 식민지 당국의 허가를 받을 수 없었고, 이에
첫 크리스마스 씰의 도안은 남대문으로 변경되었다

　　"나는 씰의 도안이 반드시 조선의 민중들에게 열성과 가능성을 부채질할 수
　　있는 그림이어야 한다고 생각했다. 조선 사람들은 세계 최초로 철갑을 입힌
　　군함을 만들어 적의 군함을 크게 무찔러 승리한 적이 있었다. 영국 어린이들
　　이 호레이쇼 넬슨 제독의 유명한 해전과 승리에 대한 이야기를 아무리 들어도
　　지치지 않는 것처럼 조선의 어린이들이 들려주는 이순신 장군과 거북선에 대
　　한 이야기는 아무리 들어도 지치지 않는다. 이 거북선은 일본군들이 기어오를
　　수도 불태울 수도 없게 만들어진 것이다. 이렇게 거북이 모양으로 생기고 무
　　장이 잘된 전함들을 이끌고 이순신 장군은 1592년 진해만에서 일본 해군의 대
　　전함들을 무찔렀다. 이런 의미에서 씰의 도안을 거북선으로 하면 즉각적인 민
　　중의 호응을 얻을 것이라고 생각했다. 내가 도안한 씰의 거북선은 국가의 적
　　인 결핵을 향해 발포되도록 대포를 배치했다." - 서우드 홀, 2003, 517-518쪽

　　"서울에 머무는 동안 나는 처음 시도하는 크리스마스 씰의 발행 허가를 정
　　부로부터 받기 위해 작업을 시작했다. 특히 동양에서는 전례가 없는 이러한

1934년 〈아기업은 여인〉, 1936년 〈연 날리는 어린이〉, 일본헌병국에 압수당한 1940년 크리스마스 씰 원 디자인, 1940년 〈때때옷 입은 어린이〉(출처: 대한결핵협회)

일에 대해 상당한 시간을 기다려야 허가가 난다는 점은 이미 잘 알고 있었다. 일본 관리 중에 나와 친한 사람이 있었다. 그는 '오다 야스마츠'로 외무성의 영국 담당이었다. 나는 그를 찾아가 도움을 청했다. 그는 개인적으로 크리스마스 씰에 대해 가장 협조적인 사람 중 하나였다. 최선을 다해 발행 허가를 얻어주겠다고 약속했다. 그러나 내가 최초로 도안한 씰을 보여주자 그는 단 한마디로 "안 된다."고 했다. 오다는 그림을 가리키면서 이런 도안은 결코 허가가 나지 않을 것이라고 했다. 그림에서 대포가 겨냥하고 있는 적을 보면서 지난날의 일본 목조 전함들의 패전을 연상했던 모양이었다. 일본은 근래 전쟁에서 많은 승리를 했다. 그래서 그들은 조선을 정복하기 이전에 거북선에 패한 사실을 되새기기 싫어했다. 조선인에게 패배 당했음을 상기시켜 주는 이 거북선 도안을 일본 정부에서 어떻게 허가를 해 줄 수가 있겠느냐는 것이었다. 오다는 외교적인 태도로 '일본과 조선 쌍방이 만족할 수 있는 도안을 새로 만들어

오라.'고 했다. 오랫동안 조선 친구 일본 친구들의 의견도 묻고 심사숙고한 끝에 전보다 드라마틱한 것은 훨씬 떨어지지만 역사적인 서울의 남대문으로 결정했다."- 셔우드 홀, 2003, 517쪽

셔우드 홀이 크리스마스 씰을 발행하기 시작한 이유는 기금 마련이었다. 해주구세요양원의 설립 당시 해주시민들의 강력한 반대에 부딪혀 이름을 결핵위생학교로 변경하고 개원했지만, 이후 무료 환자만 내원하게 되어 심각한 재정난을 겪고 있었기 때문이다. 홀이 첫 도안으로 거북선과 이순신을 염두에 둔 것도 크리스마스 씰의 대중적 홍보 및 관심, 그리고 실질적인 판매량과 그에 따른 수익금을 중요시했기 때문이었다. 물론 계획대로 거북선을 도안으로 사용하지는 못했지만, 남대문이라는 대안으로 식민지 조선인들에게 보다 친근하게 다가갈 수 있었다.

첫 해 크리스마스 씰 판매 모금액은 총 850원이었고, 그중 순이익이 3백 50원이었다. 이익금은 결핵 퇴치에 힘쓰고 있던 병원들에 보조금으로 지급되었고, 결핵 관련 퇴치운동 비용으로도 이용되었다. 크리스마스 씰을 판매하고 홍보하기 위해 셔우드 홀 박사는 상당한 노력을 기울였다. 그러나 크리스마스 씰이 결핵과 관련되었다는 점에서, 결핵의 특효약으로 오인하기도 하는 등 대중의 반응은 각양각색이었다.

"저는 당신이 결핵으로 고통을 받고 있는 사람들을 돕는다는 광고를 보고 씰을 샀습니다. 매일 밤마다 저는 이 씰을 정성껏 가슴에 붙였습니다. 그런데

《조선일보》1932. 12. 11. 「크리스마스 씰을 올해부터 조선도 발매」(사진 왼쪽), 도안 변경에 대한 홀 박사 메모 (사진 오른쪽) (출처: 대한결핵협회)

도 이 약은 나의 심한 기침을 조금도 낫게 해주지 않았습니다. 돈을 돌려주시기를 청구합니다." - 『한국결핵사』, 229쪽

1933년 크리스 마스 씰은 〈캐럴 부르는 소년소녀〉로 되어 있다. 한복 입은 아이들이 캐럴을 부르는 모습을 묘사한 디자인이었다. 1934년 씰은 〈아기업은 여인〉이었다. 1934년 〈아기업은 여인〉, 1936년 〈연 날리는 어린이〉, 1940년 〈때때옷 입은 어린이〉의 크리스마스 씰은 엘리자베스 키스(Elizabeth Keith, 1887-1956)라는 스코틀랜드 출신 여성 화가가 그린 작품이었다. 엘리자베스 키스는 1920년대 이후 30대의 나이에 일본과 조선, 중국과 필리핀 등 아시아 국가들을 지속적으로 방문하며 그림을 그리고 목판화를 제작했는데, 그녀의 수채화 작품은 당시 아시아의 일상적 모습과 경관들을 색색의 화폭에 따뜻하게 그려냈다. 엘리자베스 키스의 그림은 크리스마스 씰에 실린 세 편의 그림 이외에도 〈혼례행렬〉, 〈달빛 아래 동대문〉, 〈평양의 동문〉, 〈평양 강변〉, 〈원산〉, 〈한옥 내부〉, 〈주막〉, 〈서당 풍경〉 등 상당하다. 키스가 로제타 홀의 집에 기거하면서 조선을 여행했던 인연으로 키스의 작품을 크리스마스 씰로 이용하게 되었다. 그중 1940년도 〈때때옷 입은 어린이〉는 두 아이의 뒷배경에 나타난 산이 금강산이고, 일본식 연호가 아닌 1940년을 사용했다는 이유로 일본 헌병대가 씰의 도안을 바꿀 것을 명령했다. 이에 뒷 배경의 산과 아이들 사이에 대문을 설정하고, 산을 수정하고, '1940' 대신 씰을 발행한 지 9년째 되는 해라는 의미에서 ninth year로 대체한 뒤 발행하게 되었다. 원도안이 식민지 당국에 의해 거부된 엘리자베스

1982년 크리스마스 씰 〈올림픽 경기종목〉 (출처: 대한결핵협회)

키스와 서우드 홀이 지켜낸 자존심이었던 것이다.

"육군에서는 이 도안이 국방 안보의 규정을 어겼다고 보았다. 첫째로 두 조선 아이들 그림이 지적되었다. 어째서 두 천진한 아이들이 국방을 위협한다고 생각되었는지 난 이해할 수가 없었다. 이 아이들이 일본의 막강한 군대에 무슨 해를 미친단 말인가. 다음은 야만스러운 태도로 눈 덮인 흰 산과 그 밑에 있는 마을을 지적했다. 높이 20미터 이상은 보여주어서는 안 된다는 육군의 규정을 알지 못했느냐고 힐책했다. 헌병들은 씰이 그대로 보급되었다면 나는 법정에서 형을 받았을 것이라고 했다. 그런고로 씰이 보급되기 전에 압수한 것은 바로 내 입장을 유리하게 봐준 것이라고 설명했다. 셋째로는 씰에 '1940-1941'년이라는 서기 연호를 삭제하라는 것이었다. 1940년은 일본 건국 2600년에 해당하는 해다. '위대한' 일본 제국이 건국되고도 한참 지나서 서기 연도가 생겼다는 것이다." - 서우드 홀, 2003, 681-682쪽

2009년 〈김연아파이팅〉, 2001년 〈축구로! 하나로! 세계로!〉, 2011년
〈뽀로로와 함께하는 크리스마스 씰〉 (출처: 대한결핵협회)

　　해방 이전까지 9회에 걸쳐 발행되었던 크리스마스 씰은 셔우드 홀이 스
파이 누명을 쓰고 일본에 의해 조선에서 강제 추방된 후에 발행이 중단되었
다. 해방 이후 크리스마스 씰은 셔우드 홀과 함께 일하고, 씰 홍보에 큰 역할
을 했던 문창모 박사가 1949년, 1952년 발행을 담당했고, 1953년 대한결핵
협회가 창립되면서 크리스마스 씰 발행을 재개했다. 특히 1957년 이승만 전

대통령의 크리스마스 씰 증정식을 계기로 범국민 운동으로 자리 잡아가기 시작했다.

이후 크리스마스 씰의 도안은 세계 크리스마스 도안 콘테스트가 있을 정도로 각국에서의 관심을 끌어 왔는데, 우리나라는 1988년, 1989년, 1990년, 1992년, 1993년, 1995년, 1996년 총 7회에 걸쳐 1위 입상을 하고, 1987, 2000, 2003, 2011, 2014, 2018년에는 2위, 1985, 2019년은 3위를 차지하는 등 크리스마스 씰 도안에 있어서 다양한 디자인의 면모를 보여주고 있다. 특히, 한국의 전통문화와 자연환경에 대한 도안이 주를 이루어 오다가, 점차 한국사회의 이슈들을 반영하는 경향을 보이고 있는데, 그 가장 대표적인 예가 바로 1982년 크리스마스 씰이다.

1981년 9월 30일 독일의 바덴바덴에서, 제84차 국제올림픽위원회 총회에 참석한 사마란치 국제올림픽위원회(IOC) 위원장의 "쎄울!"이라는 선포로 1988년 올림픽 개최국으로 대한민국이 선정되었다. 아시아 국가로 올림픽을 치르는 두 번째 국가가 되는 대한민국으로서는 벅찬 순간이었다. 이후 방송에서 지속적으로 중계되었기 때문에, 많은 한국인들은 이 "쎄울"이 발표되는 장면이 익숙할 것이다. 올림픽 개최는 실상 박정희 전 대통령의 꿈이었다. 1979년부터 박정희 전 대통령과 대한체육회장은 1996년 올림픽 유치를 목표로 계획을 세웠다. 1988년에 개최하기에는 대한민국의 인프라 및 상황이 충분치 않았기 때문이다. 그러나 1979년 박 전 대통령이 피살되고, 후임 최규하 전 대통령이 올림픽 유치 포기를 공식적으로 선언하기에 이르렀다. 세계적 메가 이벤트인 올림픽을 치르기엔 국내 여건이 여전히 준비되지 않았기 때문이었다. 그러나 1979년 12·12사태로 집권한 전두환 당시 대통령은 1980년 11월 30일에 올림픽 유치 신청서를 제출했다. 원래 계획했던 96년도 올림픽이 아니라, 1988년도에 치러질, 불과 8년을 남겨 놓은 올림픽을 유치하겠다고 나선 것이다. 다행인지 불행인지, 당시 1988년 올림픽은 호주의 시드니와 그리스의 아테네가 유치 신청을 철회하고 일본의 나고야만 신청해 놓은 상태였다. 이후 국가와 정계, 특히 정주영 당시 ㈜현대그룹 수장의 적극적인 운동으로 사실상 불가능해 보였던 올림픽 유치를 극적으로 성사시켰다. 전두환 전 대통령이 군부독재의 정당성에 대한 비판과, 1980년 광주의 참극으로 인해 반목했던 민심을 수습하기 위한 방편이었던 1988년 서울올림픽은 80년대 대한민국의 거의 모든 것을 빨아들인 블랙홀이었다.

1982년 대한결핵협회가 제작한 크리스마스 씰은 〈올림픽 경기종목〉이었다. 1988년도 올림픽을 기념하기 위해 발행된 이 씰이 올림픽을 6년 앞둔 1982년 겨울 발매된 것은 1981년 개최가 확정된 감동과 흥분을 계속 이어나가고자 했던 의도였을 것으로 보인다. 양궁, 레슬링, 축구, 사이클, 육상, 역도, 사격, 농구, 복싱, 수영 등 국내에서 인기 있거나 금메달을 목표로 하던 10개 종목이 선정되었고, 이 씰은 조폐공사의 오동환 씨가 도안했다고 알려진다.

이후, 2002년 한일월드컵 개최를 기념하며, 2001년 크리스마스 씰은 만화 둘리의 창작자인 만화가 김수정이 둘리를 모티브로 〈축구로! 하나로! 세계로!〉를 디자인하였고, 2008년에는 대한민국이 최초로 우주인을 배출해 낸 것을 기념하며 〈대한민국 최초 우주인과 우주과학기술〉을 발행했다. 2009년 씰은 2009년 당시 4대륙 선수권대회에서 금메달을 따고 피겨스케이팅계의 신화로 불리기 시작한 김연아 선수를, 2011년은 뽀통령의 칭호를 받던 최고인기 어린이 애니메이션의 캐릭터 뽀로로를 디자인해 디자인 콘테스트에서 2위를 하기도 했다. 2020년의 크리스마스 씰은 당시 최고 인기를 누리던 캐릭터 펭수였다.

크리스마스 씰은 20세기 최대의 감염병 중에 하나였던 결핵을 퇴치하기 위한 운동의 일환으로 시작되었다. 대한결핵협회가 선언하듯, 크리스마스 씰은 '구입이 아니라 기부'라는 표어는 크리스마스의 씰의 본래적 목적을 새삼 상기시켜 준다. 인터넷의 발달로 크리스마스 씰의 수요가 줄면서, 전자파차단스티커, 퍼즐, 키링 등을 비롯한 다양한 굿즈라는, 감염병 퇴치를 위해 좀 더 대중적이고 좀 더 친숙한 이미지로 대중에게 어필하고자 하는 크리스마스 씰의 현대적 변형은 결핵이라는 감염병이 현재진행형이고 그만큼 광범위함을 방증해 준다. 코로나 팬데믹이라는 감염병의 시대를 살아가고 있는 우리. 2021년 9월 현재 국내 코로나19에 대한 1차 백신 접종률이 70%를 넘겼다. 그러나 백신은 전 세계적으로 평등하게 분배되고 있지 않다. 전 세계 백신 보급률을 높이기 위해 택배 한 상자 보낼 때, 코로나19 씰 한장을 구매할 수는 없을까? 올해 선보일 새로운 크리스마스 씰에 관심이 가는 이유이다.

코로나19 백신을 둘러싼
논쟁과 위험 커뮤니케이션

장하원

장하원_ 서울대학교 BK21 4단계 대학원혁신사업단 BK조교수. 前 경희대학교 인문학연구원 HK+통합의료인문학연구단 HK연구교수. 서울대학교 생물자원공학부 졸업 후 과학사 및 과학철학 협동과정에서 과학기술학으로 박사학위를 받았다.
공저로 『21세기 교양 과학기술과 사회』(2016, 나무나무), 『코로나19 데카메론2』(2021, 모시는 사람들), 『겸손한 목격자들』(2021, 에디토리얼) 등이 있다.

백신을 맞는 지도자들

2021년 3월 23일, 문재인 대통령이 종로구의 보건소에서 코로나19 백신을 접종하는 모습이 대대적으로 보도되었다. 이날은 65세 이상을 대상으로 아스트라제네카사가 개발한 코로나19 백신 접종을 개시하는 첫날이었는데, 해당 연령층의 첫 번째 접종자로 대통령이 영부인과 함께 나선 것이다. 이렇게 나라의 수장이 백신을 서둘러 접종한 일차적인 목적은 6월에 열리는 G7 정상회의를 참석하기 위한 것이었지만, 한편으로는 코로나19 백신 접종이 시작되면서 곳곳에서 불거져 나오고 있었던 백신에 대한 불신의 목소리나 불안감을 해소하면서 국민들이 백신을 접종하는 속도와 비율을 효과적으로 높이려는 것이기도 했다. 이를 시작으로 많은 정치인들과 각계의 단체장들이 코로나19 백신을 앞장서서 맞았다. 3월 26일에는 정세균 국무총리와 권덕철 보건복지부 장관이 아스트라제네카 백신을 접종했고, 이후 4월과 5월에 걸쳐 주요 보건의료 관련 단체장들도 백신을 맞는 모습을 보였다. 대한의사협회의 회장이 된 이필수 신임 회장은 백신을 맞기에 앞서 "의료계 대표로서 백신에 대한 국민의 우려와 불안을 덜어드리고 하루속히 코로나

코로나19라는 국제적인 보건 위기 속에서 백신 개발과 접종이 유례 없이 빠르게 이루어졌다.

19를 종식시키기 위한 의지를 보여드리고자 자원했다"고 강조했다.

코로나19 팬데믹 상황에서 우리나라뿐만 아니라 세계 각국에서 각계의 지도자가 먼저 백신을 맞는 모습이 언론에 등장했다. 유럽에서는 웃통을 벗은 채 백신을 접종하는 정치인들의 모습이 이슈가 되었는데, 상체를 노출한 채 백신을 맞는 모습에는 사람들에게 자신의 남성성과 권력을 과시하려는 의도가 숨겨져 있다는 분석이 나오기도 했다. 상의 탈의 여부나 그것의 의미를 떠나서, 많은 정치인들이 앞장서서 백신을 접종하는 것이 정치인으로서 해야할 일이며 시민들에게 적절한 메시지와 좋은 인상을 줄 수 있는 것이라고 인식하고 있다는 점은 확실해 보인다. 최근에는 대만의 차이잉원 총통이 자국에서 개발한 백신을 가장 먼저 맞는 모습이 생중계되었다. 대만 제약사 가오돤(高端)사가 미국의 국립보건원(NIH)과 협력하여 개발한 가오돤 백신(MVC-COV1901)은 임상시험의 최종 단계인 3상을 완료하지 않은 채로 긴급사용이 승인된 것으로, 차이 총통은 '가오돤 백신 1호 접종자'가 되기 위해 그간 다른 나라에서 통용되던 모더나나 아스트라제네카 백신을 맞지 않은 채 기다리고 있었다. 이 역시 백신의 안전성에 대한 논란, 특히 상대적으로 늦게 개발되고 사용되기 시작한 대만의 백신에 대한 우려를 빨리 불식시키기 위한 전략이었다고 볼 수 있다.

이처럼 그간 코로나19 팬데믹 상황 속에서 국내에서도 해외에서도 국가의 수장과 다수의 정치인들이 백신을 솔선수범하여 맞고 있고, 또 언론이나 개인 SNS 등을 통해 그러한 모습을 국민들에게 적극적으로 알리고 있다. 이러한 행위의 궁극적인 목표는 자국 내에서 코로나19에 대한 집단면역 상태를 이루어 감염 확산을 효과적으로 막는 것이며, 이들의 백신 접종과 그에 대한 보도는 백신의 위험성에 대한 의구심을 없애고 백신 접종을 중심으로 하는 방역이 제대로 이루어지게 하기 위한 전략일 것이다. 또한, 이들이 백신의 종류를 선택하고 접종 시점을 정하는 과정 역시 새롭게 개발된 의료적 대상의 의미와 가치에 대해 소통하는 양상을 보여준다. 이 글에서는 코로나19 백신을 소재로 삼아, 보건 문제를 둘러싼 위험 커뮤니케이션에 대해 이야기해 볼 것이다. 이를 통해, 팬데믹 시기에 백신에 부여된 신뢰도와 권위가 단지 이것의 효과와 안전성에 대한 과학적 입증이나 제도적 승인뿐 아니라, 그것의 위험에 대해 어떻게 소통하느냐에 따라 결정된다는 점을 보일 것이다.

코로나19 팬데믹과 백신 개발

2019년 말 중국 우한 지역에서 처음으로 발생한 코로나19는 다음 해 1월 31일 WHO에 의해 '국제 공중보건 위기 상황'이라고 선포되었다. 그 이후에도 계속해서 감염이 세계 곳곳으로 확산되어 2020년 3월에는 범지구적으로 유행하는 비상 상황인 팬데믹으로 규정되었다. 일반적으로 신종 감염병이 등장하면 그에 맞는 백신이나 치료제가 아직 만들어지지 않은 상태이기 때문에, 비약물적인 조치를 통해 감염 확산의 속도를 늦추는 전략이 취해진다. 코로나19가 중국과 몇몇 국가의 일부 지역에서 국소적으로 전파되는 상황에서는 대다수의 국가들에서 사태 초기에 감염자를 가능한 한 빨리 찾아내어 격리하고 치료하는 데 노력이 집중되었고, 일반인들을 대상으로 손씻기나 기침 예절과 같은 호흡기 질환의 감염 예방 규칙들이 권고되었다. 또한 소독이나 마스크 쓰기가 일상화되고, 대면 접촉을 줄이고 사회적 거리를 유지하기 위한 각종 방법이 시행됐다. 그러나 이보다 사태가 심각해지자 많은 국가들에서 해외에서 인구가 유입되는 것을 막거나 자국민들의 외출과 사회생활을 통제하는 봉쇄 정책이 시행되기도 했다. 이러한 노력들에도 불구하고 대부분의 국가에서 비약물적인 조치만으로는 코로나19가 효과적으로 관리되기 어려웠다.

이러한 상황에서 코로나19라는 보건 위기를 해결하는 유일한 방법은 국가의 차원에서, 또 전 세계적인 차원에서 집단면역을 형성하는 것이 되었다. 집단면역(herd immunity)은 해당 질병에 대한 면역이 형성된 사람이 인구 집단의 일정 분율 이상이 되어서 그 질병이 공동체 내에서 국지적인 전파에 그치게 되는 상태를 말한다(이상무, 2021). 어느 정도 비율의 사회구성원이 해당 감염병에 대한 면역을 획득해야 집단면역의 상태에 도달하게 될지에 대해서는 그 질병의 전염력의 정도에 따라 달라지는데, 예컨대 홍역과 같이 전염력이 매우 강한 질병의 경우에는 집단 내에서 95% 이상의 사람들이 면역을 획득해야 집단면역 상태에 도달했다고 본다. 코로나19의 경우, 학자들마다, 또 변이 바이러스의 종류와 특징, 확산 정도에 따라 집단면역을 이루기 위해 필요한 면역 획득의 정도를 다르게 평가할 수 있겠지만, 일반적으로 사회 구성원의 60~72% 정도가 면역을 획득해야 정상적인 사회 생활을 재개할 수 있다고 본다. 이처럼 상당수의 사회구성원이 코로나19에 대한 면역을 지님으로써 집단면역을 이루려면, 대다수의 사람들이 코로나19에 감염된 뒤에 회복하여 그에 대한 항체를 지녀야 하고, 그렇지 않다면 광범위한 백신 접종을 통해서 인위적으로 항체를 형성해야 한다. 백신의 효과까지 고려해 본다면, 예방접종률이 80% 이상을 웃돌아야 코로나19에 대한 집단면역 상태에 도달할 수 있다고 본다(Anderson, 2020).

팬데믹 상황에서 백신 개발 분야에 많은 자금이 투입되고 각종 제도적 지원이 뒷받침되면서 백신 개발과 사용 시기가 예상보다 훨씬 앞당겨졌다. 개발에 착수하여 상당한 진전을 본 백신은 120여 종에 달하며, 그중 몇몇 백신이 승인되어 접종이 이루어지고 있다(The Lancet Microbe, 2021). 각 개발사의 백신 사용 승인 여부는 국가별로 달라지고, 승인의 정도 또한 전반적인 사용을 위한 것인지, 제한적인 사용을 위한 긴급 승인인지에 따라 차이가 있다.[*] 현재 우리나라에 도입되어 접종이 이루어지고 있는 백신은 화이자/바이오엔텍이 개발한 BNT162b2(이하 화이자 백신), 모더나가 개발한 mRNA-1273 백신(이하 모더나 백신), 아스트라제네카/옥스포드가 개발한 ChAdOx1 nCoV-19(이하 아스트라제네카 백신), 얀센이 개발한 백신(이하 얀센 백신)이다. 이 네 종류의 백신은 우리나라뿐 아니라 북아메리카와 유럽의 국가들에서 사용이 승인된 백신들이지만, 그 외에도 제한적으로 승인된 다른 백신들도 여러 국가에서 활용되고 있다. 예컨대, 중국의 회사들이 개발한 몇몇 백신은 중국을 비롯한 몇몇 국가들에서 긴급 사용이 허용된 바 있다(이상무, 2021).

팬데믹 상황에서 이루어지는 백신 개발 과정은 기존의 백신 개발 절차나 양상과 크게 달랐다. 미국과 영국 등지에서는 2020년 1월부터 백신 개발이 시작되었다는 보도가 등장했고, 3월경에 이르면 백신 개발이 '전쟁'처럼 묘사될 정도로 앞다투어 진행되는 양상을 보였다. 일례로, 미국 정부는 2020년 3월 CARES Act 법안을 제정하고,[**] 코로나19 백신 개발에 100억 달러(약 12조원)에 달하는 막대한 예산을 투입했고, 개발과 승인 심사의 과정이 빠르게

---

[*]   뉴욕타임즈에서는 코로나19 백신의 개발과 사용 현황을 수시로 업데이트하여 보여주고 있다. (https://www.nytimes.com/interactive/2020/science/coronavirus-vaccine-tracker.html?searchResultPosition=7, 2021년 9월 3일 접속)

[**]   CARES Act라는 명칭은 Coronavirus Aid, Relief, and Economic Security Act의 줄임말로, 코로나 팬데믹으로 인해 침체된 경기를 부양하기 위한 미국 정부 주도의 경기부양책이다. 전체 규모는 30조 달러 이상에 달한다(박순만, 2021).

이루어지도록 임상시험을 중복해서 진행하여 백신 개발에 걸리는 시간을 단축하고자 했다. 2020년 11월에 이르러서는 화이자사와 모더나사에서 중간발표를 하였고, 백신 사용 승인도 긴급 사용 승인이나 제한적 사용 승인 등을 통해 이전보다 앞당겨졌다(박순만, 2021). 2020년 말부터 몇몇 국가에서 접종이 시작됐는데, 12월 8일 영국에서 세계 최초로 접종이 이루어졌고, 며칠이 지난 15일에 미국에서도 첫 접종이 이루어졌다. 결국 이전에 개발되었던 백신들과 달리 코로나19 백신은 불과 일 년이 채 안 되어 개발이 완료된 셈이다. 우리나라에서는 2021년 2월 26일 첫 접종이 이루어졌고 5월경부터 접종 속도가 빨라졌다.

이처럼 전례 없는 세계적인 보건 위기 상황에서, 그리고 집단면역을 목표로 광범위한 백신 접종이라는 대규모의 집합적 행위가 시급하게 요구되는 상황에서, 백신의 개발 시기를 앞당기기 위해 많은 자원이 투입되고 승인 기준이 완화된 것이다. 문제는 이러한 개발 과정으로 인해 코로나19 백신의 효과나 안전성이 '완벽히' 입증되지 않았다는 점이 지적될 여지가 높아졌다는 것이다. 이로써 많은 연구자들과 방역의 책임자들, 그리고 상당수의 시민들이 백신이라는 도구가 거의 유일한 '과학적' 해결책이라고 강조하는 상황에서도, 한편에서는 '너무나 빨리 개발된' 백신의 효과나 안전성에 대한 의문도 끊임없이 제기될 수밖에 없었다.

백신 접종 경과와 논란들

그렇다면 우리나라에서 코로나19 백신은 어떻게 준비되고 보급되었으며, 그 과정에서 백신을 둘러싼 커뮤니케이션은 어떻게 이루어졌는가? 우리나라의 경우, 2021년 1월과 2월에 걸쳐 해외에서 개발된 백신을 도입하고 국내에서의 사용을 허가하고 생산과 접종을 위한 갖가지 체계를 구축하는 과정이 중점적으로 이루어졌다. 1월에는 코로나19 예방접종에 대응할 추진단이 출범했다. 또한, 접종 우선순위가 논의되었으며 1월 28일 최종 결정된 접종 순서가 발표되었다. 이후 2월 10일에는 식품의약품안전처에서 아스트라제네카 백신을 조건부로 품목 허가 승인을 내렸다. 또한 접종센터가 설치되고 확대되는 등의 조치가 취해진 뒤에, 예방접종이 개시되었다(유명순, 2021). 이로써 2021년 2월 26일에 코로나19 백신 접종이 시작되었는데, 당시 접종 대상자는 보건소와 요양시설에 입원해 있거나 종사하고 있는 65세 미만의 사람들 중 접종에 동의한 사람들로, SK바이오사이언스가 경북 안동공장에서 위탁 생산한 아스트라제네카 백신을 맞았다. 또한, 다음 날인 2월 27일, 국제백신공급기구인 코백스(COVAX facility)를 통해 도입된 화이자 백신의 접종이 시작되었으며, 이는 코로나19 환자 치료의 최전선에 있는 의료진을 대상으로 제공되었다.

그러나 코로나19 백신 접종이 시작된 이후에도 수개월에 걸쳐 백신과 관련된 논의는 계속되었고, 특히 3월과 4월은 코로나19 백신과 관련된 몇몇 논란이 사회적 갈등으로 불거졌다. 우선 백신 수급 상황을 둘러싼 불안감

질병관리청 홈페이지(http://kdca.go.kr)는 코로나19와 관련된 각종 보도와 캠페인이 이루어지는 대표적인 커뮤니케이션 공간이다. 코로나19 예방접종과 관련된 다양한 정보가 제공되고 있다.

과 문제 제기가 있었다. 우리나라에서는 해외 제약사들이 백신을 완전히 개발하기 전부터 선구매를 통해 코로나19 백신 물량을 일정 정도 확보했으나, 이 제약사들의 성공 여부가 확실하지는 않은 상태에서 백신이 부족할 수 있다는 우려가 완전히 해소되기는 어려웠다. 여기에 더해, 백신 개발이 완료되기 전에 선구매해야 하기 때문에 유효성이나 안전성이 입증되지 않은 백신을 구매하게 될 위험성을 따져 보는 것도 백신 확보를 추진하는 데 큰 어려움으로 작용했을 것이다. 이러한 위험을 예측하고 그에 대응하기 위해 정부는 백신 도입 TF, 범정부 백신 도입 TF 등을 꾸려 해외 백신 개발 동향과 코백스의 백신 상황을 파악하는 등, 효율적으로 백신을 수급하기 위해 다각도로 노력했다.* 그러나 각국이 백신을 확보하기 위해 경쟁하는 가운데 백신 수급의 유동성은 우리나라만의 문제는 아니었다. 실제로 3월 말에는 인도에서 자국의 백신 접종을 위해 백신 수출을 제한하면서, 그에 의존하고 있는 코백스의 백신 수급에 문제가 생겨 결국 190개국이 백신 도입에 차질을 빚기도 했다. 미국 또한 2월 초 보건의료 자원을 자국에 우선 공급하는 수출규제 행정명령을 내리면서, 모더나 백신의 수급이 원활할지에 대한 우려가 계속되었다(유명순, 2021). 이러한 사건들이 보도되는 가운데, 우리나라의 정부 부처에서는 백신 수급 계획에 큰 문제가 없음을 여러 번에 걸쳐 밝혔지만 '백신 보릿고개'라는 용어가 등장할 정도로 백신 공급 물량이 부족하다는 점이 계속 지적되었다.

이보다 더 큰 불안과 불만은 백신의 안전성 및 유효성과 관련하여 야기되었다. 코로나19 백신이 상대적으로 빠르게 개발된 데에다 팬데믹 상황에서 승인 절차가 간소화되면서 안전성이 완전히 검증되었는지에 대한 우려는 불가피하게 제기될 수밖에 없었다. 이러한 상황에서, 3월 중순에는 유럽의약품청으로부터 아스트라제네카 백신이 혈소판 감소를 동반한 뇌정맥동혈전증과 같은 특이 혈전증과 연관이 있을 수 있다는 추정이 제기되고 유럽과 북미 국가들에서 일부 연령층 또는 전 연령층에 대해 아스트라제네카 백

---

* 질병관리청 홈페이지(http://kdca.go.kr)에 게시된 다음과 같은 보도자료 참고. 관계 부처 합동, "코로나19 백신 확보 현황 및 예방접종 계획(안)" (2020.12.18); 질병관리청, "코로나19 백신 구매 및 접종 준비 상황" (2020.12.28); 관계 부처 합동, "올해 7,900만 명분 백신 확보를 위해 범정부 역량 총동원" (2021.4.12).

신 접종을 일시 중단한다는 사실이 보도되었고, 우리나라 정부에서도 만 60세 미만에 대한 아스트라제네카 백신 접종을 한시적으로 보류했다. 즉, 백신 접종이 이미 시작된 이후에 안전성을 재검토하는 사태가 벌어진 것이다. 또한 백신을 맞은 사람들이 늘어날수록 백신 접종 후 겪는 이상 반응 사례들이 알려질 수밖에 없는데, 특히 3월과 4월에는 화이자 백신과 아스트라제네카 백신을 맞은 뒤 사망한 사례들이 보도되면서 백신에 대한 불안감을 높였다. 또한 국민청원 등의 경로를 통해 코로나19 백신 접종 후 심각한 이상 반응을 겪고 있는 사례들이 계속해서 알려졌다. 이러한 사건들 중 백신과의 인과성이 입증된 사례는 극소수에 불과했으나, 인과관계를 입증하는 문제에 대한 불신마저 쌓이면서 백신에 대한 불안이 사그라들기는 어려웠다.

또한, 백신의 유효성에 대한 논란은 특정한 종류의 백신을 중심으로 제기되었다. WHO에서는 이번 팬데믹 상황에서 코로나19 백신의 유효성 기준을 50%로 설정하고 있다. 현재 우리나라에서 사용되는 백신의 종류들은 모두 이 기준을 만족한다. 그러나 백신의 효과와 안전성에 대한 보도가 주로 백신 간 비교와 경쟁의 구도로 이루어지면서, 아스트라제네카 백신과 얀센 백신은 유효성에 문제가 있는 백신으로 간주되고 일부 사람들로부터 '물백신'이라고 칭해지기도 했다. mRNA 방식의 화이자 백신, 모더나 백신과 바이러스 벡터 방식의 아스트라제네카 백신, 얀센 백신은 코로나19 바이러스에 대한 면역력을 형성하는 기제와 정도가 다를 수밖에 없으며, 백신의 효과에도 편차가 있다고 알려져 있다. 하지만 이러한 편차가 있더라도 지금까지 사용이 승인된 백신들은 국제적으로 마련된 기준에 합당한 유효성을 지니는 것으로 평가되었으며, 방역 당국은 이러한 학계의 합의에 의거해 백신 접종을 추진했다고 볼 수 있다. 그럼에도 불구하고, 백신 간 효과를 비교하는 수치가 자극적으로 보도되고, 한편으로는 정치적 이해관계 속에서 정부와 방역 당국이 가장 먼저 들여온 아스트라제네카 백신의 효과가 특히 폄하되면서, 이를 중심으로 백신의 유효성에 대한 의심이 끊이지 않게 되었다.

한편, 백신 접종 우선순위에 대한 논란이 일기도 했다. 우리나라에서 1분기 우선 접종 대상자는 '요양병원과 요양시설의 입원 및 입소자와 종사자', '코로나19 환자를 치료하는 기관 종사자', '고위험 의료 기관 종사자(보건의료인)', '1차 대응요원(역학조사, 구급대 등)', '정신요양원과 재활시설 등의 입소자 및 종사자'로 설정되었다. 이는 WHO가 백신과 같은 의료 자원을 공정하게 분배하기 위해서 지켜야 할 핵심적인 윤리적 원칙으로 정한 효율성, 공정성, 형평성, 책무성 등에 맞는 것으로, 대다수의 국가들에서 이와 유사하게 백신 접종 순위를 정해서 운영하고 있다. 이렇게 원칙이 마련되어 있지만, 코로나19 확산의 상황이 시시각각 변화하면서 각 원칙 중 어떤 것을 우선시해야 할지에 대해서 계속해서 논쟁이 있을 수 있다. 우리나라에서는 7월 초 수도권에서 코로나19 신규 확진이 대폭 늘어나면서 수도권 지역에 백신을 우선적으로 배정해야 한다는 주장이 나왔고, 젊은 층에서 감염 확산이 늘어나자 이들에게 우선 접종을 해야 한다는 목소리도 있었다.* 이러한 주장들은

---

* "젊은층 먼저 · 지자체 우선 코로나19" "백신 우선순위 논란… 임의적 분배 부작용 우려",《메디게이트뉴스》(2021.7.7) (http://medigatenews.com/news/3062294317)

방역의 효율성을 가장 중요시한 것이라고 볼 수 있지만, 한편으로는 지자체의 백신 물량을 더 많이 확보하기 위한 정치적 입장이 개입된 것이기도 하다. 이처럼 팬데믹의 상황에서 의료 자원을 확보하려는 경쟁은 끊이지 않으며, 이때에는 어떤 근거와 절차를 거쳐 배분 우선순위를 결정했는지에 대해 서로 충분히 소통하고 합의하는 과정이 굉장히 중요해진다고 볼 수 있다.

보건 문제와 위험 커뮤니케이션

지금까지 살펴보았듯이, 팬데믹 상황에서 백신이라는 새로운 의료 기술이 개발되고 배분되는 가운데 다양한 문제들이 제기되고 때로는 상당히 큰 갈등으로 비화되었다. 이러한 상황을 이해하고 백신과 관련된 문제를 원활히 소통하기 위해서는, 보건 문제와 기술적 위험을 대상으로 하는 커뮤니케이션에 대한 논의들을 참고할 필요가 있다.

먼저, 코로나19 백신이라는 새롭게 개발된 기술에 대해 사람들이 인식하는 위험의 특징에 대해 살펴보자. 미국의 엔지니어였던 스타(Chauncey Starr)는 유사한 확률의 위험이라도 다양한 요인들로 인해 다른 정도로 인식될 수 있다고 주장하면서, 개개인의 주관적인 위험 인식에 대한 후속 연구들을 촉발시켰다. 그에 따르면, 많은 사람들은 자발적으로 선택한 것에 대해서는 그것의 위험을 훨씬 적게 체감했는데, 예컨대 스키나 오토바이와 같이 스스로 선택한 것에 대해서는 불안을 크게 느끼지 않는다는 것이다. 반면, 원자력 발전소 근처에 살다가 사고가 날 확률이나 베트남전에 나가서 죽거나 다치게 될 확률은 실제로 크지 않은 데도 불구하고 사람들은 훨씬 높은 불안감을 호소했다. 이후 많은 연구자들이 사람마다 위험을 인식하는 정도가 주관적이며 상대적이라는 연구 결과를 내놓았다. 대표적으로 심리학자 폴 슬로빅(Paul Slovic)은 자발성이라는 요인에 더해서 결과의 끔찍함, 위험의 원인에 대한 미지의 정도, 위험에 노출된 사람의 수 등이 위험 인식에 중요한 영향을 미친다는 점을 밝혔다. 사람들이 비행기 사고나 벼락을 여전히 두려워하지만, 사고의 원인과 결과를 충분히 알고 이러한 위험에 노출된 사람도 소수라는 것을 알기 때문에 두려움이 극도로 높아질 가능성은 별로 없다는 것이다. 이에 더해, 위험에 대한 불평등이 높을수록 위험을 더욱 크게 느끼게 되는데, 예컨대 사회적 지위나 경제적 상황 때문에 다른 사회구성원에 비해 위험을 겪을 확률이 높아진다면 그러한 위험에 대해 더욱 크게 인식한다는 것이다(홍성욱, 2016). 이렇게 본다면 한 나라의 수장이 백신을 맞는 모습을 보도하는 것은 백신의 안전성에 대한 일반인들의 우려를 낮추는 데 도움이 될 것이라고 예측할 수 있다. 그 외에도 직업이나 계층, 성별, 학력 등에 따라 위험 체감 지수가 달라지며, 해당 사안에 대한 언론 보도 행태나 전문가들 사이의 의견이 일치하는 정도도 일반인들의 위험 인식을 좌우한다.

이처럼 어떤 대상에 대해 일반인들이 위험을 인식하는 정도에는 다양한 요인들이 영향을 미치며, 이는 코로나19 백신과 같은 의료적 대상에도 적용된다. 특히 그것이 과학과 의학의 영역에서 다루어지는 기술일 때, 이와 관련된 불확실성은 해당 기술을 개발하고 적용하는 분야에서 주로 예측되고 관리되기 때문에 위험에 관한 과학적, 확률적 설명만을 우선시하는 경향이 두드러질 수 있다. 코로나19 팬데믹 상황에서도 백신이 유일한 과학적 해결책으로 부각되고, 백신의 안전성과 유효성에 대한 전문가들의 의견이 강조되었다. 반면, 백신으로 인한 부작용이나 이상 반응에 대한 대중들의 우려는 오해나 무지로 인한 불안감으로 해석되면서, 백신으로 인한 위험이 굉장히 낮은 확률이며 그러한 위험에 비해 그로 인한 이익이 훨씬 크다는 점이 반복해서 강조되었다. 즉, 백신으로 인해 피해가 발생할 확률을 올바로 이해하고 수용하는 것이 객관적이고 합리적인 반응으로 인식되고, 그것을 넘어서는 반응들은 비합리적인 오해나 과장된 불안감, 또는 괴담이나 음모론으로 치부되곤 한다. 그러나 얼마나 안전한 것이 충분히 안전한 것인가를 둘러싼 개인의 인식은 저마다 다를 수 있으며, 이러한 개인의 반응이 제대로 수용되지 않은 채 위험과 이득에 대한 과학적 정보를 되풀이해서 제공하는 것만으로는 백신에 대한 불안과 공포를 효과적으로 해소할 수 없다.

실제로 우리나라에서 백신의 안전성에 대한 개인의 인식 수준은 상당히 낮은 것으로 나타났으며 다양한 요인들이 영향을 미치고 있었다. 지난 4월 시행된 코로나19 백신 인식 조사에 따르면, 백신의 위험이 확률적으로 낮다는 것을 알면서도, 개인이 접종을 했을 때 이상 반응을 경험할 가능성에 대해서는 많은 사람들이 우려하는 것으로 나타났다. 이러한 부작용에 대한 두려움이 접종 비의향의 주 요인으로 작용하고 있었다. 또한, 각 백신의 종류별 안전성에 대한 인식도 접종 수용성에 영향을 미쳤는데, 접종 의향이 없는 사람들에게서 아스트라제네카 백신의 안전성에 대한 우려가 두드러졌다(유명순, 2021). 여기에 더해, 개인의 사회적 지위, 정치적 성향, 미디어 활용

형태, 건강 상태 등이 접종 의향에 영향을 미쳤는데, 40대 이상의 유자녀 남성이, 진보적 정치 성향을 지닌 사람이, 정부에 대한 신뢰가 높은 사람이, 전통적인 미디어를 주로 이용하는 사람이, 주관적으로 스스로의 건강을 좋다고 평가하고 독감 예방접종 등의 경험이 있는 사람이 코로나19 백신 접종을 하겠다는 의향이 높게 나타났다(황선재, 길정아, 최슬기, 2021). 또한 우리나라에서는 많은 사람들이 실제 문제가 생겼을 때의 결과를 고려해서 백신 접종을 수용할지를 결정하는 경향이 나타났다. 따라서 백신 접종 후 문제가 생길 확률이 매우 적다는 사실을 반복적으로 주입하는 것보다는, 소수의 경우라도 사고가 일어났을 때 적절히 조치하는 방안을 마련하고 이를 적극적으로 알리는 것이 더욱 중요하다고 볼 수 있다(유명순, 2021). 이처럼 현재 다양한 입장에 있는 사람들이 어떻게 백신의 위험에 대해 인식하고 있는지, 어떠한 기제를 통해 백신 접종을 수용하거나 거부하고 있는지 이해하고 이에 맞춰 소통하는 것이 백신의 안전성에 대한 우려를 해소하고 접종 수용성을 높이는 데 필수적이라고 할 수 있다.

여기에 더해, 백신 접종과 관련된 소통 과정에서 백신을 맞는 행위의 자발성이 충분히 보장되었는지 고찰해 볼 필요가 있다. 앞서 살펴보았듯이, 개인은 스스로 선택한 것에 대해서 위험을 훨씬 낮게 인식한다. 물론 현재 우리 사회에서 코로나19 백신 접종은 자발적인 의사결정에 따라서 이루어진다. 그런데 실제로 백신의 기대 효과가 달성되기 위해서는 국민 대다수가 접종을 받는 것이 필요하며, 이로 인해 백신 접종이 여러 경로를 통해 독려되고 있다. 백신을 접종하는 행위가 나의 건강을 보호하는 것일 뿐 아니라 사회 전체의 집단면역을 형성하는 과정이라는 점이 부각되면서, 백신 접종은 일종의 도덕적 의무처럼 여겨지고 있다. 이러한 분위기 속에서 백신 접종을 가치 있는 행위로 기쁘게 받아들이는 사람이 있는가 하면, 백신 접종에 대한 사회적 압박을 지나치게 느끼는 사람들은 접종에 대한 우려와 망설임을 넘어 반감을 갖게 되기도 한다. 실제로 우리나라에서는 코로나19 백신 접종에 대해 긍정적인 태도가 높게 나타났는데, 특이한 점은 이것을 개인의 선택으로 보는 경향보다는 모두의 책임으로 보는 경향이 훨씬 높게 나타났다는 점이다(유명순, 2021). 즉, 백신 접종은 우리 사회에서 공동체의 일이자 일종의 책무로 인식되는 경향이 있으며, 이러한 분위기가 일부 사람들이 백신에 대해 갖는 반감이나 우려를 강화할 수 있다는 점을 고려할 필요가 있다.

마지막으로, 백신의 수급과 관련된 불확실성과 이로 인해 백신 접종이 늦어질 수 있다는 인식 또한 이번 코로나19 상황에서 갈등을 일으키는 원인이 되었다. 이는 일차적으로는 팬데믹 상황에서 세계 각국이 백신이라는 중요한 의료 자원을 확보하기 위해 경쟁하는 분위기 속에서 백신의 수급 자체가 불확실하고 백신 구매 계약의 절차와 결과가 국제 사회에서 투명하게 논의되기 어려웠던 데 기인한다. 하지만 우리나라의 경우, 백신 수급에 내재한 근본적인 불확실성 외에 그러한 상황에 대한 언론의 보도 행태가 대중들의 불안감과 불신을 부추기는 측면이 강했다고 보인다. 이번 코로나19 백신에 대한 뉴스 보도에서의 주요 프레임에 대해 보건학자 유명순 교수와 조원광 교수가 중요하게 지적한 바는, 국내에서 백신과 관련된 보도의 상당수가 '백신 생존경쟁 프레임'을 통하는 경향이 나타나면서 집단적인 위기 의식을 일으킨다는 것이다. 주요 언론사에서 백신 확보를 둘러싼 국제 관계를 집중적으로 보도하면서, "부자나라 백신 싹쓸이", "백신 자국우선주의" 등의 표현을 통해 국제적인 백신 협력 관계에 문제가 있으며 국내의 백신 수급이 불안정하다는 점이 강조되었다. 백신 수급과 백신 접종 현황과 전망을 대중들에게 발빠르게, 정확히 알리는 것은 중요하지만, 마치 경주를 중계하는 것처럼 자극적으로 보도하거나 지나치게 비관적인 전망만을 제시하는 것은 백신 수급 현황과 계획에 대한 바람직한 보도라고 볼 수는 없다(유명순, 2021).

결국 팬데믹 상황에서 새로운 기술과 관련된 위험 인식과 갈등을 줄이기 위해서는 기술과 관련된 불확실성에 대해 효과적으로 소통하는 것이 필요하다. 우리나라에서는 사스나 메르스, 그리고 이번 코로나19 등 보건 문제와 관련하여 사회적 갈등을 크게 겪어 왔으며, 많은 전문가들은 위험에 대한 소통이 제대로 이루어지지 않는 것이 갈등을 심화시키는 가장 중요한 요인이라는 점을 반복해서 지적하고 있다. 어떤 대상이나 사건에 대한 위험을 소통하는 과정에서 개인별로 위험의 정도를 달리 인식할 수 있다는 점이 충분히 고려되어야 한다. 이를 위해 백신과 관련된 소통은 전문가가 일반인들에게 백신에 대한 과학 지식과 이득과 위험에 대한 판단 결과를 주입하는 일방향적인 교육을 지양하고, 백신을 수용하는 과정에서 시민들이 겪는 불안이나 어려움, 또는 긍정적인 평가 등에 대해 쌍방향적으로 소통하는 것이 필요하다. 또한 백신의 안전성, 유효성 문제, 그리고 백신과 같은 의료자원의 수급과 분배에 관해 소통하는 과정에서 지향해야 할 원칙, 특히 언론사가 지켜야 할 보도 원칙에 대해서도 다시 점검하고 재수립할 필요가 있다. 백신이라는 기술적 대상의 권위와 신뢰도는 과학 및 의학의 연구 성과뿐 아니라 그것이 갖는 다양한 불확실성을 어떻게 풀어갈지에 달려 있는 만큼, 백신을 기꺼이 수용할 수 있는 대상으로 만들기 위한 정치적, 사회적 실천들이 필요하다.

참고문헌

충(蟲)이 모르게 치료하라─결핵과 노채를 통해 살펴본 한의학의 감염병 / 윤은경

陳無擇, 『三因極一病證方論』.
許浚, 『東醫寶鑑』.
危亦林, 『세의득효방』.

Aretaeus, *De causis et signis diuturnorum morborum*, Arateus' complete works in Greek and English, edition of Francis Adams, Digital Hippocrates project, 1856.

Hippocrates. *Book 1 Of the Epidemics*. Adams F (translator). *The Genuine Works of Hippocrates*. London: The Sydenham Society, 1849. [Facsimile edition, The Classics of Medicine Library, Alabama, 1985]

Bynum H. *Spitting Blood*. Oxford: Oxford University Press. 2012.

Marten, Benjamin. A New Theory of consumptions-More Especially a Phthisis or Consumption of the Lungs. London. T. Knaplock. 1720.

Boire. Tuberculosis: From an Untreatable Disease in Antiquity to an Untreatable Disease in Modern Times? Journal of Ancient Diseases & Preventive Remedies. 2013.

Frith. History of Tuberculosis. Part 1-Phthisis, consumption and the White Plague. Journal of Military and Veterans' Health 22(2). 2014.

최은경, 「개항 후 서양의학 도입과 결핵 용어의 변천」, 『의사학 21』(2), 2012.

WHO. Tuberculosis. 14, October, 2020.

https://www.who.int/news-room/fact-sheets/detail/tuberculosis

하리티─아이들의 수호신이 된 천연두 여신 / 이은영

『불설귀자모경』(대정신수대장경 21권)
『잡보장경』(대정신수대장경 4권)

『근본설일체유부비나야잡사』(대정신수대장경 24권)

『남해기귀내법전』(대정신수대장경 54권)

『대당서역기』(대정신수대장경 51권)

Saṃyutta Nikāya

Sutta Nipāta

조승미, 「불교의 모신(母神) 하리티(Hārītī) 신앙의 형성과 변천 연구」, 『불교연구』 41, 2014.

에띠엔 라모뜨, 호진 역, 『인도불교사』 2, 시공사, 2006.

강희정, 『지상에 내려온 천상의 미』, 서해문집, 2015.

조성금, 「투르판 교하고성(交河古城) 출토 〈귀자모도〉 일고(一考), 『동악미술사학』 21, 2017.

조승미, 〈여성신화 8회 아이를 잡아먹었던 여신의 정체〉, 《문화미래 이프》, 2011.01.24.
    (http://ifbooks.co.kr/ifNews/womanMythView.php?wr_id=18485)

법웅, 〈어린이 대상 범죄에 엄하셨던 부처님, 《불교닷컴》, 2020.05.06.
    (http://www.bulkyo21.com/news/articleView.html?idxno=45703)

조성금, 〈한국불화 원류를 찾아서 4. 귀자모 도상〉, 《현대불교》, 2020.02.14.
    (http://www.hyunbulnews.com/news/articleView.html?idxno=302568)

심재관, 〈하리티(Hārītī) 또는 귀자모(鬼子母)〉, 《법보신문》, 2016.05.10.
    (https://www.beopbo.com/news/articleView.html?idxno=92505)

Shakya, M. B., Harīti Temple of Swayambhu, *Buddhist Himalaya*, 7, 1996.

Lienhard, S., *Songs of Nepal: an anthology of Nevar folksongs and hymns*, Center for Asian and Pacific Studies, University of Hawaii, 1984.

Robertson, T., Smallpox, politics and power in Kathmandu, *Nepalitimes*, 2020.5.2.
    (https://www.nepalitimes.com/opinion/smallpox-politics-and-power-in-kathmandu/)

감염병을 그린 예술가들 / 이향아

리언, 『명화로 읽는 전염병의 세계사』, 뮤즈, 2020.

http://www.nyculturebeat.com/index.php?document_srl=3908332&mid=Art2

https://www.ncbi.nlm.nih.gov/pmc/articles/PMC2958553/

감염되었다, 고로 나는 존재한다―결핵을 바라보는 지식인들의 시선 / 박성호

대한결핵협회 홈페이지 (https://www.knta.or.kr/)
한의학고전DB (https://mediclassics.kr)
박성호·최성민, 『화병의 인문학-근현대편』, 도서출판 모시는사람들, 2020.
수잔 손탁, 이재원 역, 『은유로서의 질병』, 도서출판 이후, 2002.
프랭크 스노든, 이미경·홍수연 역, 『감염병과 사회』, 문학사상, 2021.

우리는 무엇을 앓았는가?―코로나19의 다양한 모습들 / 장하원

강성운, 「'코로나!' 아시아인의 경험: 바이러스가 드러낸 인종차별 문제」, 김수련 외, 『포
　　스트 코로나 사회』, 글항아리, 2020.
기모란, 「바이러스 감염병이란 무엇일까?」, 기모란 외, 『멀티플 팬데믹』, 이매진, 2020.
김창엽, 「코로나19의 과학과 정치는 어떻게 만날까?」, 기모란 외, 『멀티플 팬데믹』, 이매
　　진, 2020.
박해남, 「신천지 신국(神國)의 이민자들, '신천지'의 현상학」, 추지현 편, 『마스크가 말해
　　주는 것들』, 돌베개, 2020.
백영경, 「돌봄, 코로나19가 끌어낸 새로운 상상」, 인문사회과학출판인협의회도서목록팀,
　　『아름다운 서재』, 17호, 인사회, 2021.
서보경, 「감염과 오명, 보복하지 않는 정의에 대하여」, 미류 외, 『마스크가 답하지 못한
　　질문들』, 창비, 2020.
심민영, 「바이러스가 남긴 트라우마」, 김수련 외, 『포스트 코로나 사회』, 글항아리, 2020.
우석균, 「불평등한 세계에서 팬데믹을 응시하다」, 김수련 외, 『포스트 코로나 사회』, 글
　　항아리, 2020.
정석찬, 「하나의 건강, 하나의 세계: 기후변화와 인수공통감염병」, 김수련 외, 『포스트 코
　　로나 사회』, 글항아리, 2020.
최종렬, 「낙인, 혐오, 배제라는 팬데믹은 극복할 수 없을까?」, 기모란 외, 『멀티플 팬데
　　믹』, 이매진, 2020.
추지현, 「시공간에 대한 상이한 감각」, 추지현 편, 『마스크가 말해주는 것들』, 돌베개,
　　2020.
홍성욱, 「신뢰와 위험 커뮤니케이션」, 홍성욱 외, 『21세기 교양 과학기술과 사회』, 나무

나무, 2016.

Andreas Chatzidakis, Jamie Hakim, Jo Litter, Catherine Rottenberg, *The Care Manifesto: The Politics of Interdependence* (London, New York: Verso Books, 2020).

감염병의 원인으로서의 귀려지기(鬼厲之氣)와 벽역서의 대처법 / 윤은경

조선왕조실록
허준,『辟疫神方』
허준,『新纂辟瘟方』
동양의학대사전편찬위원회,『동양의학대사전』, 경희대학교출판국, 1999.
권복규,「조선 전기 역병에 대한 민간의 대응」,『대한의사학회』8(1), 1999.
김호,「1612년 온역 발생과 허준의『신찬벽온방』」,『조선시대사학보』74, 2015.
양혜경,「문헌기록을 통해 본 우리나라 역병사에 대한 고찰」, 충남대학교 보건대학원 보건학 석사학위논문, 2005.
조원준,「17세기 초 조선에서 유행한 '당독역'에 대한 연구-허준의『벽역신방』을 중심으로」, 원광대학교 대학원 한의학과 박사학위논문, 2004.
조원준,「조선시대 벽역의서에 나타난 역병 예방법」,『대한예방한의학회지』12(2), 2008.
홍태한,「호남지방 용왕제의 지역적 분포와 특징」,『어문학교육』제45집, 2012.
홍태한,「농촌과 어촌의 용왕굿 비교」,『도서문화』51, 2018.

인간과 동물, 우리가 함께 건강할 수 있을까?—기원전 3세기 아쇼카왕의 생명 존중 / 이은영

『아육왕경(阿育王經)』(대정신수대장경 50권)
『아육왕전(阿育王傳)』(대정신수대장경 50권)
Jātaka
에띠엔 라모뜨, 호진 역,『인도불교사』1, 시공사, 2006.
이거룡,『전륜성왕 아쇼까』, 도피안사, 2009.
일아,『아소까-각문과 역사적 연구』, 민족사, 2009.
김우주,『신종 바이러스의 습격』, 반니, 2020.
이은영,「원헬스에 대한 불교적 고찰」,『인문사회 21』11(4), 2020.

서병진(2005),「아쇼까왕의 정토관」,『인도철학』 18, 인도철학회, 2005.

저 개는 나쁜 개다―공수병에 대한 방역과 정치 / 박성호

데이비드 콰먼, 강병철 역,『인수공통 모든 전염병의 열쇠』, 꿈꿀자유, 2013.
미국 질병관리본부(CDC) (https://www.cdc.gov/rabies/about.html)
박성호 · 박성표,『예나 지금이나』, 도서출판 그린비, 2016.
서울아산병원 질환백과 (http://www.amc.seoul.kr/asan/healthinfo/disease/
     diseaseDetail.do?contentId=31609)
질병관리청,「2021년도 인수공통감염병 관리지침」

우표로 결핵을 퇴치할 수 있다고?―크리스마스 씰의 역사 / 이향아

대한결핵협회 (https://www.knta.or.kr/)
대한결핵협회,『대한결핵사』, 대한결핵협회, 1998.
대한결핵협회,『한국의 크리스마스 씰』, 2013.
PARK Yunjae,「The Work of Sherwood Hall and the Haiju Tuberculosis Sanatorium in
     Colonial Korea」,『의사학』, 22권 3호, 2013.
신동규,「일제침략기 선교사 셔우드 홀(Sherwood Hall)과 크리스마스 씰(Christmas Seal)
     을 통해 본 한일관계에 대한 고찰」,『한일관계사연구』, 2013.
신동규,「일제침략기 해주구세요양원의 결핵예방과 퇴치를 위한 홍보인쇄자료의 분류와
     성격 검토」,『한일관계사연구』, 2016.
셔우드 홀, 김동열 역,『닥터 홀의 조선회상』, 좋은씨앗, 2003.
키스, 엘리자베스,『엘리자베스 키스의 코리아 1920~1940』, 책과함께, 2006.

코로나19 백신을 둘러싼 논쟁과 위험 커뮤니케이션 / 장하원

박순만,「미국의 코로나19 백신 정책 동향 및 시사점」,『보건산업브리프』 329, 한국보건
     산업진흥원, 2021.
유명순, 〈코로나19 백신접종 100일: 앞으로의 소통 과제〉, 제25차 한국과총-의학한림원-

과학기술한림원 온라인 공동포럼: 코로나-19 예방접종 과연 안전한가?, 2021. 6. 4.
(https://www.youtube.com/watch?v=gI9sODIvZzM&t=1967s)

이상무, 「COVID-19와 백신」, 『정책동향』 15-1, 2021.

홍성욱, 「신뢰와 위험 커뮤니케이션」, 홍성욱 외, 『21세기 교양 과학기술과 사회』, 나무
나무, 2016.

황선재, 길정아, 최슬기, 「코로나19 백신수용성: 정부신뢰 요인을 중심으로」, 『한국인구
학』 44-2, 2021.

Roy M. Anderson et al. "Challenges in creating herd immunity to SARS-CoV-2 infection
by mass vaccination," *Lancet* 396, 2020.

The Lancet Microbe, "COVID-19 vaccines: the pandemic will not end overnight", *The
Lancet Microbe* 2-1, 2021, e1.

경희대학교 인문학연구원 / HK+통합의료인문학연구단 / 통합의료인문학 교양총서03

감염병의 장면들

등록 1994.7.1 제1-1071
1쇄 발행 2022년 1월 25일

기　 획　경희대학교 인문학연구원 HK+통합의료인문학연구단
지은이　박성호 윤은경 이은영 이향아 장하원
펴낸이　박길수
편집장　소경희
편　 집　조영준
관　 리　위현정
디자인　이주향
펴낸곳　도서출판 모시는사람들
　　　　03147 서울시 종로구 삼일대로 457(경운동 수운회관) 1207호
전　 화　02-735-7173, 02-737-7173 / 팩스 02-730-7173

인　 쇄　(주)성광인쇄(031-942-4814)
배　 본　문화유통북스(031-937-6100)
홈페이지　http://www.mosinsaram.com/

값은 뒤표지에 있습니다.
ISBN　979-11-6629-083-1　04000
세트　979-11-88765-83-6　04000

이 저서는 2019년 대한민국 교육부와 한국연구재단의 지원을 받아 수행된 연구임
NRF-2019S1A6A3A04058286